De l'adoration à l'évangélisation

Mgr Dominique Rey

ISBN 978-2-84024-506-3

pts les petits traités spirituels

Spiritualité

De l'adoration à l'évangélisation

Mgr Dominique Rey

EdB

L'APPEL À UNE NOUVELLE ÉVANGÉLISATION

La nouvelle évangélisation est un défi spirituel, théologique et pastoral que doit relever l'Église. En effet, nous voici entrés, en ce début du troisième millénaire, dans un nouveau paradigme : celui de la post-modernité qui implique de « repartir du Christ avec une nouvelle ardeur, de nouvelles méthodes, de nouvelles expressions » (Discours de Jean-Paul II à la 14e assemblée plénière du CELAM).

L'expression forgée par Jean-Paul II de « nouvelle évangélisation », et répétée par lui plus de trois cents fois dans ses discours, fait référence d'une part à une prise de conscience de la part de l'Église de son identité missionnaire et, d'autre part, aux bouleversements économiques, sociaux, culturels et éthiques considérables que traverse notre société[1].

L'histoire de l'évangélisation à travers les siècles témoigne que les grands missionnaires ont été de grands priants, plus spécifiquement d'authentiques adorateurs. En effet, l'eucharistie est « la source et le sommet de toute la vie chrétienne » (*Lumen Gentium* n° 11) et la « source et sommet de toute l'évangélisation » (*Presbyterorum ordinis* n° 5). C'est ce que Benoît XVI affirmait avec force dans son exhortation apostolique sur l'eucharistie :

> « Nous ne pouvons garder pour nous l'amour que nous célébrons dans ce sacrement. Il demande de par sa nature d'être communiqué à tous. Ce dont

1. La nouvelle évangélisation se veut une réponse à l'essoufflement spirituel et moral de notre société. Elle répond aux appels ardents, répétés, insistants de Paul VI, notamment dans *Evangelii Nuntiandi*, de Jean-Paul II et de Benoît XVI : « La tâche d'évangélisation est la tâche la plus profonde de l'Église, dans les temps qui sont les nôtres » (Jean-Paul II, *Ecclesia in Europa*).

À son tour, le pape Benoît XVI a insisté sur l'urgence d'une nouvelle évangélisation : « Nouvelle, non dans ses contenus, mais dans l'élan intérieur, ouvert à la grâce de l'Esprit Saint qui constitue la force de la loi nouvelle de l'Évangile et qui renouvelle toujours l'Église ; nouvelle dans la recherche de modalités qui correspondent à la force de l'Esprit Saint et qui soient adaptées à l'époque et aux situations ; « nouvelle », car également nécessaire dans des pays qui ont déjà reçu l'annonce de l'Évangile » (Benoît XVI, *Homélie en la solennité des saints apôtres Pierre et Paul*, le 28 juin 2010).

le monde a besoin, c'est de l'amour de Dieu, c'est de rencontrer le Christ et de croire en Lui. C'est pourquoi l'Eucharistie n'est pas seulement source et sommet de la vie de l'Église ; elle est aussi source et sommet de sa mission : une Église authentiquement eucharistique est une Église missionnaire. Nous aussi, nous devons pouvoir dire à nos frères avec conviction : « *Ce que nous avons contemplé, ce que nous avons entendu, nous vous l'annonçons à vous aussi, pour que, vous aussi, vous soyez en communion avec nous.* » (1 Jn, 1-3) En réalité, il n'y a rien de plus beau que de rencontrer le Christ et de le communiquer à tous. » (*Sacramentum Caritatis* n° 84)

Tandis qu'on s'approche de la table eucharistique, on est entraîné dans le mouvement de la mission qui prend naissance dans le cœur même de Dieu Trinité et qui veut rejoindre, en Jésus Eucharistie, chacun d'entre nous. La tension missionnaire est donc constitutive de la forme eucharistique de l'existence chrétienne.

Aussi la nouvelle évangélisation devra-t-elle s'ancrer dans un véritable renouveau eucharistique et, en particulier, un renouveau de l'adoration eucharistique. Cette prière, qui prolonge la célébration eucharistique, revêt des dimensions spécifiques qui structurent l'action missionnaire de l'Église.

Dans son audience générale du 21 juin 2000, le pape Jean-Paul II soulignait avec force la dimension missionnaire de l'eucharistie :

> « C'est dans l'Eucharistie que l'Église et chaque croyant trouvent la force indispensable pour annoncer et témoigner à tous l'Évangile du salut. La célébration de l'Eucharistie, sacrement de la Pâque du Seigneur, est en soi un événement missionnaire qui introduit dans le monde le germe fécond de la vie nouvelle. Cette caractéristique missionnaire de l'Eucharistie est explicitement rappelée par saint Paul dans sa lettre aux Corinthiens : *« Chaque fois que vous mangez de ce pain et que vous buvez de ce calice, vous annoncez la mort du Seigneur jusqu'à ce qu'il vienne. »* (1 Co 11, 26) L'Église reprend les mots de saint Paul dans la doxologie après la consécration. L'Eucharistie est un sacrement missionnaire, non seulement parce que c'est d'elle que jaillit la grâce de sa mission, mais aussi parce qu'elle contient le principe et la source pérenne du salut pour tous les hommes. La célébration du Sacrifice eucharistique est par conséquent l'acte missionnaire le plus efficace que la Communauté ecclésiale puisse réaliser dans l'histoire du monde. »

Qu'entend-on par adoration ? Adorer signifie s'incliner profondément en signe d'extrême respect. Chez les Orientaux, cette attitude de vénération se traduit par le fait de tomber sur les genoux et de toucher le sol avec le front en signe de profonde révérence (cf. Ap 5, 14). Les exemples évangéliques ne manquent pas : la femme atteinte d'hémorragie se jette par terre et veut attraper la frange du manteau de Jésus pour l'embrasser (cf. Lc 8, 44). De son côté, Marie-Madeleine se jette aux pieds de Jésus et les embrasse. Saint Augustin parle de l'adoration du Christ au Saint-Sacrement, accomplie par des inclinations et des prostrations (*Enarr. in Ps 98, 9*; PL 37, 1264 c). Cette attitude d'adoration est bien naturelle à l'homme quand il se trouve en face de quelque chose ou de quelqu'un qui le dépasse. Nous sommes appelés, comme chrétiens, à adorer « *en Esprit et en Vérité* ». Cette adoration ne consiste pas seulement en un exercice d'intelligence ou de volonté. Elle mobilise tout notre être et donc notre corps. L'homme est créé pour adorer, pour s'incliner profondément devant Celui qui nous a faits et qui nous dépasse.

On sait les réticences de nombreuses personnes devant la pratique de l'adoration eucharistique. Parfois, ces oppositions relèvent d'une allergie à la prière contemplative en général, une crainte de spiritualisation, de désengagement de la vie du monde, un rapport magique et superstitieux envers les espèces consacrées. Plusieurs objections contre l'adoration eucharistique ont été faites. En particulier, sur l'absence de cette dévotion pendant le premier millénaire. La pratique continuelle de la conservation des saintes espèces afin de les porter aux malades confirme cependant, à travers les âges, la foi de l'Église en la présence réelle. Elle a toujours entouré le Saint-Sacrement d'un saint respect.

Une autre objection conteste la non-consommation du pain consacré. Jésus n'a jamais dit : « Adorez-moi », Il nous a ordonné de manger son Corps et de boire son Sang (cf. Jn 6). Le pain eucharistique n'est pas là pour être regardé, mais pour être mangé. Cette théorie est un vestige du protestantisme qui parle de présence symbolique et de repas communautaire, de commémoration amicale, mais pas de sacrifice actualisé. Mais plus l'Église a pénétré le mystère de l'eucharistie, plus elle a compris que la réception du Christ dépasse le cadre de la célébration[2]. Le pain eucharistique n'est pas là seulement pour être mangé, mais pour être conservé, pour être porté aux malades et pour être adoré.

On accuse enfin l'adoration eucharistique d'être sentimentale et attachée à un signe concret. L'adoration ne favoriserait-elle pas un rapport magique et superstitieux envers les espèces consacrées ? Notre foi, pourtant, a besoin, pour fixer son attention, d'être attirée par un signe qui exprime une réalité divine. L'adoration appelle la foi. D'ailleurs, sans la

2. Cette insistance attestée par l'histoire sur l'adoration eucharistique contredit l'opinion de certains théologiens selon lesquels « l'adoration n'a été développée que pour suppléer les déficiences d'époques antérieures, dont la liturgie était inaccessible et dont la théologie de l'eucharistie était plus apologétique que spirituelle, par sa focalisation sur la présence réelle (et statique) du Christ, ignorant les trésors de la mystagogie » (Marcel Metzger, cf. *La Croix* du 30 juillet 2011).

foi, l'eucharistie devient une expérience formelle et insipide. « Il est grand le mystère de la foi », proclamons-nous à chaque messe après les paroles consécratoires. « Ce n'est pas que dans l'adoration que peut naître un amour profond pour le Seigneur. » (Benoît XVI) *Sacramentum Caritas* parle à ce sujet « d'active participation » des fidèles à la célébration eucharistique. Et l'adoration doit aider à une plus grande conscience du mystère célébré et de son impact avec la vie quotidienne. Alors que dans notre monde d'apparence, le zapping est de règle, l'adorateur fixe son regard sur Jésus eucharistie. L'adoration est un échange de regard entre le Christ et moi. Pensons au regard de Jésus posé sur le jeune homme riche (« *Il le regarda et il l'aima* », Mc 10, 21), et inversement à la prophétie de Zacharie : « *Ils regarderont celui qu'ils ont transpercé.* » (Za 12, 10 et Jn 19, 37) L'adoration mobilise notre attention car l'amour se dit non seulement par les mots, mais par les yeux (« Je veux voir Dieu », disait sainte Thérèse d'Avila). Ainsi, la vue de l'hostie consacrée soutient la démarche de foi. Mais est-ce une concession à la faiblesse et à la psychologie humaine ? C'est plutôt la loi de l'Incarnation qui joue : notre être doit pouvoir collaborer à l'expression de notre amour afin de le rendre plus intense et plus incandescent. L'adoration eucharistique est de ce fait une merveilleuse miséricorde de Dieu. Il place le Corps eucharistique de

Jésus à notre portée, sous notre regard. On ne peut nier le réalisme anthropologique de cette dévotion. L'intimité avec Dieu qui, en son Fils, a pris chair de notre chair pour nous faire partager sa divinité, ne veut pas se passer de l'incarnation des moyens.

Chapitre I

L'ADORATION EUCHARISTIQUE MARQUE L'IDENTITÉ CHRÉTIENNE ET ECCLÉSIALE

L'affirmation de notre identité chrétienne prend tout son sens dans le contexte actuel de délitement des appartenances collectives, que ce soit l'affaiblissement des grands idéaux, comme la patrie ou le sens du bien commun, que ce soit le déni de nos racines chrétiennes au nom d'une laïcité d'exclusion et l'effacement de notre patrimoine symbolique qu'un pseudo-art n'hésite pas à caricaturer, à profaner ou à outrager, au nom de la liberté d'expression. La question de l'identité nationale fait également l'objet de grands débats publics ; elle est liée aussi aux flux migratoires et à l'accueil sur notre territoire de familles déracinées qui ont d'autres référents culturels et religieux (pensons à l'Islam) avec le risque du repli communautariste.

La construction de l'identité revêt encore une dimension éducative à l'heure du brouillage des repères affectifs et de la remise en cause du principe d'autorité (puisque tout se négocie dans la société, comme dans la famille).

La problématique de l'identité relève de trois interrogations :

– D'où je viens ? Quelles sont mes racines, mes origines ?

– Dans un monde mobile, « liquide », qu'est-ce qui est sûr, inoxydable ?

– Où vais-je ? Quel est le but de la vie ? Quel est l'avenir de notre société ?

Ces trois interrogations, chaque personne se les pose à elle-même, mais les pose aussi à la société, comme à la culture, en lui demandant de lui fournir des valeurs, des projets, des exemples auxquels s'identifier. Faute de répondre à ces interrogations, la cohésion interne de la société et sa pérennité risquent de se dissoudre au profit de la promotion des revendications individuelles, de la dictature de l'insouciance ou du désenchantement.

Ces questions actuelles sur l'identité somment le christianisme de se prononcer, de promouvoir à frais nouveaux son message qui a traversé et façonné deux mille ans d'histoire, mais qui reste d'autant plus actuel s'il répond à ces trois questions constitutives de notre humanité : D'où je viens ? Où je vais ? Qui je suis ?

1. Le culte du passé

La société, en quête de permanences et de racines, se passionne pour son passé. Mais ce culte exacerbé pour ce qui nous précède nous plonge plus dans la mélancolie d'une histoire qu'on idéalise que dans sa nécessaire appropriation pour mieux habiter le présent.

De surcroît, le mot « mémoire » est de plus en plus récupéré par l'outil informatique. Pour vanter les puissances de stockage de nouvelles prothèses électroniques, on parlera de « capacité de mémoire », de « mémoire vive ». La mémoire est traitée, non plus par la conscience, mais par un processeur ou un calculateur. Cette polarisation sur la mémoire technologique côtoie l'inculture historique de nos contemporains.

La perte de conscience historique enfante la crise de la transmission. L'idée de progrès qui s'est développée depuis le XVIIIe siècle induit l'idée de dépassement continuel du passé, le refus de la reproduction de l'identique. La société actuelle sacralise le nouveau, privilégie la mode, mais elle dévalue le modèle, refuse l'archétype, oublie l'antécédence. Ainsi, les productions de tous ordres se succèdent sans autre issue que l'obsolescence puisqu'elles sont vampirisées l'une après l'autre par la boulimie de consommation. A contrario, le christianisme nous fixe à un événement dont l'Église n'a jamais fini d'épuiser le sens. « Si notre vie est vagabonde, écrivait Paul Valéry, notre mémoire est sédentaire. »

Le christianisme fait mémoire. « *Faites ceci en mémoire de moi* », dira Jésus à la Cène. Notre foi est mémoriale. La foi repose sur un événement du passé que l'Église rappelle, célèbre, actualise. Cet événement historique, c'est la Pâque du Seigneur, sa Passion, sa mort et sa résurrection. La portée de cet événement, non seulement nous atteint aujourd'hui, mais aussi rejaillit en amont sur ce qui l'a précédé et préparé. Croire, c'est faire, à partir du Christ et sans nostalgie, l'anamnèse de l'histoire du salut qui s'origine dans le récit de la Création, mais qui s'accomplit dans la Pâque du Seigneur.

L'Ancien Testament et le Nouveau Testament s'ouvrent par le mot « commencement » : « *beréchit bara élohim* » en hébreu dans le livre de la Genèse, « *Au commencement, Dieu créa le ciel et la terre* » ; « *en arché en o logos* » en grec dans l'évangile de Jean, « *Au commencement était le Verbe.* » La foi confesse un commencement à tout, une origine, un point de départ donné par Dieu et qui marque notre dépendance dans l'être, à son égard. La tentation prométhéenne de la techno-science fascinée par ses découvertes, mais éthiquement aveugle, est de prétendre maîtriser l'origine, en remontant le plus haut possible dans la chaîne biologique de constitution de l'être humain.

Faire mémoire de l'origine, c'est aussi découvrir que la vie est Alliance. En relisant l'histoire de la création, le croyant voit en Adam un être qui se définit à partir d'un autre qui lui est assorti et qui le complète, Ève. L'identité humaine s'établit dans un rapport d'altérité : une distinction en vue d'une alliance (que remet en cause la théorie du *gender*). Un des grands périls de notre temps est l'oubli de l'altérité, qui conduit à l'autisme et au narcissisme et engendre la violence. La perte des sécurités affectives dans un univers familial instable se conjugue à un système marketing qui s'adresse à l'individu pour exacerber ses appétits de consommation. On se rapatrie sur soi, sur son écran plat, connecté avec le monde entier, mais coupé de ses proches. Cette compression sur l'ego génère inéluctablement la frustration et, conséquemment, l'agressivité. Le nombrilisme auquel sont soumis nos contemporains produit le conformisme de la pensée et la standardisation des modes de vie. Un tel mimétisme fait le lit au totalitarisme. On stigmatise ceux dont la vie échappe à la norme édictée par la mode et par la société.

Face à toutes ces dérives de la postmodernité, le premier devoir du chrétien est d'adorer. L'eucharistie fait mémoire pour nous ramener à l'origine de notre salut, à cette trace indélébile de la victoire du Christ sur la mort. L'adoration eucharistique vient guérir notre mémoire blessée et oublieuse.

> « Voyez-vous, confiait un jour le jeune prêtre polonais Jerzy Popieluszko avant qu'on l'assassine, on pourra un jour nous enlever notre maison, notre emploi, notre liberté, ou notre vie, mais ajoutait-il, notre mémoire, personne ne pourra la prendre. En perdant notre mémoire, nous perdrions notre âme. »

Le mémorial eucharistique nous guérit de l'amnésie ou de l'oubli. L'eucharistie réinvestit le passé pour actualiser le geste par lequel le Christ nous a sauvés, et qui nous rapporte à l'aujourd'hui de sa présence.

L'eucharistie est non seulement mémorial, mais aussi Alliance nouvelle, dans le sang de l'Agneau. Le Christ s'unit à nous. *« Si vous demeurez en Moi et que mes Paroles demeurent en vous, demandez ce que vous voudrez et vous l'aurez. »* (Jn15, 7) Dans la vertu de religion, l'adoration du Créateur constitue une obligation primordiale. Benoît XVI a rappelé à Noël 2005 le primat de l'adoration : « Grâce à l'eucharistie, l'adoration, qui existait avant elle, prend une ampleur considérable. » Or, les dérives de notre monde se résument dans l'éloignement de Dieu, ce qui conduit l'humanité, soit à la présomption en voulant se sauver soi-même par l'idéologie prométhéenne du progrès infini, soit au désespoir et à la dépression. L'adoration de l'eucharistie, sacrement de la présence personnelle et permanente du Seigneur vivant, nous libère du sentiment d'être orphelins et abandonnés de Dieu. En réponse à l'atomisation, à la privatisation des styles de vie et au mimétisme social, l'adoration fait redécouvrir, non seulement notre unité intérieure dans le Christ, mais également notre unicité singulière. Le centre de moi-même se trouve en dehors de moi-même, exposé à ma contemplation. Ainsi, l'adoration guérit de la solitude dans laquelle la créature peut s'enfermer, en ne trouvant personne qui puisse pleinement combler les aspirations ultimes de son cœur. L'adorateur se reçoit comme enfant de Dieu à l'intérieur d'une relation vivifiante et intime avec Dieu, qui se rend présent à lui et expose dans l'eucharistie l'infini amour qu'Il lui porte. L'humanité trouve enfin, au pied de l'autel ou du tabernacle, un lieu où rencontrer Dieu, où s'expose son infini Amour qui invite la créature, en se prosternant, à s'en remettre à Lui.

2. Mémoire et fidélité

Notre identité chrétienne est faite de la mémoire d'événements fondateurs de notre humanité et notre fidélité consiste à en maintenir la trace (sans pétrifier le passé), car ces événements nous font vivre encore aujourd'hui. Mais notre identité chrétienne se nourrit aussi du sens de la présence actuelle de Dieu. Dans l'Ancien Testament, Dieu se définit en disant « *Je suis* », et Jésus reprendra à son compte cette définition, à de multiples reprises : « *Avant qu'Abraham fût, je suis.* » « *Je suis le chemin, la vérité et la vie* » « *Je suis le Bon Pasteur* » « *Je suis la Vigne.* » « *Je suis le pain de Vie.* » « *Ceci est mon corps. Ceci est mon sang.* »

« *Je suis.* » Cette affirmation radicale de l'existence et de la présence actuelle de Dieu est une gageure dans un monde mouvant qui perd le sens de l'absolu, où rien n'est plus sûr que le doute, où les certitudes sont bannies car elles pourraient être attentatoires à notre liberté (alors qu'en vérité, elles prémunissent la liberté contre l'anarchie).

Être chrétien, c'est confirmer par la foi son adhésion à la réalité de Dieu qui se manifeste sous l'apparence dérisoire du pain. En disant dans le Credo « amen », ce mot d'origine araméenne qui conclut nos prières et qui signifie « C'est exact, c'est solide, c'est certain », je me prononce comme témoin et destinataire de cette réalité sacramentelle. La foi ne nous fait pas nous évader de notre condition mortelle, elle ne se trouve pas dans le monde virtuel ; au contraire, elle considère le réel et l'humain comme des lieux de révélation du divin. La foi est appelée à habiter l'ordinaire de nos jours, pour parvenir, à partir de ce que nous sommes et avec la grâce de Dieu, à devenir ce qu'Il veut que nous soyons. En communiant au Corps du Seigneur, je suis « eucharistié » et « incorporé » au Christ et à son Église.

La foi ne nous rapporte au passé que pour mieux habiter le présent de la présence de Dieu. Le réalisme de la foi eucharistique nous donne d'accueillir les fruits de la création (le pain, le vin) qui nous parlent de Dieu, mais c'est aussi l'Incarnation : dans le corps eucharistique du Christ se révèle la plénitude du mystère de Dieu. « Il est là, Il est là », répétait le Curé d'Ars en brandissant l'hostie.

L'Église croit en la présence réelle du Corps et du Sang du Christ, avec son âme et sa divinité, dans les espèces du pain et du vin consacrés.

> « Le mode de présence du Christ sous les espèces eucharistiques est unique. Il élève l'eucharistie au-dessus de tous les sacrements et en fait comme la perfection de la vie spirituelle et la fin à laquelle tendent tous les sacrements. » (CEC n° 1374)

Beaucoup de personnes (de jeunes en particulier) sont frappées « d'immaturité temporelle » : on vit dans l'immédiateté, dans la fièvre de l'urgence, dans la fugacité, d'événement en événement, sans continuité, absorbé par l'événementiel et l'intensité affective de l'instant, en oubliant que la consistance de l'existence s'élabore dans la continuité du temps. C'est le mythe de Chronos dévorant ses enfants. Cette infantilisation du rapport au temps « sous l'emprise de l'éphémère » (Gilles Lipowsky) trahit en vérité une angoisse profonde. Le règne du

« temps court » et de l'inconstance nous condamne à la consommation d'instants, sans ligne de cohérence entre eux. On n'est plus contemporain du moment présent.

L'adoration eucharistique nous affranchit de cette boulimie : la densité de la présence de Jésus, qui se donne à voir sous les espèces consacrées, nous invite à entrer dans la profondeur de ce moment de grâce. Chaque minute passée en sa présence nous intègre dans l'éternité de l'amour de Dieu qui se livre totalement à nous, seconde après seconde.

« Qui a l'instant présent, a Dieu », disait Thérèse d'Avila. Par l'adoration de son corps sacramentel, le Christ ne veut pas être seulement notre vis-à-vis, mais, dans la densité de chaque instant, prendre forme en nous, car il est notre accomplissement. Ce qu'est le Christ que nous contemplons dans le goutte-à-goutte du moment présent, nous lui demandons de le devenir en nous. Dans le silence si grave, si profond, si éloquent de l'adoration eucharistique, chacun de nous se prête à une chirurgie du cœur. La présence réelle de Jésus perfuse en nous, instant après instant, le fruit de sa rédemption.

L'adoration nous apprend à découvrir la Providence, c'est-à-dire à se recevoir de Dieu en toute chose, à tout moment. Elle nous enseigne également la chasteté de l'instant quand il n'est pas accaparé par nos envies, par notre imaginaire, nos insatisfactions narcissiques, mais qu'il se livre à l'amour, qu'il s'offre à Dieu puisque Lui-même s'offre à nous. Le temps d'adoration est un temps souvent pauvre, traversé par la tentation de l'agitation et de l'obscurité, du désœuvrement, gagné par l'acédie. Mais cette humble exposition de soi, de son corps, de son temps, fait entrer dans l'éternité de Dieu. « *Je serai avec vous pour toujours, jusqu'à la fin du monde.* » (Mt 28, 20)

3. La peur de l'avenir

La crise d'identité, c'est encore de ne pas savoir où l'on va. La mort d'un être cher, l'épreuve de l'échec, les désillusions de la vie… semblent signer, pour beaucoup, l'absence de Dieu, en tout cas son insensibilité aux drames de notre monde. Et pourtant, c'est à l'intérieur d'une tragédie, qu'il a lui-même traversée de part en part, que le Christ nous révèle le vrai visage du Père.

À chaque messe est célébrée cette tragédie qui rend présente cette révélation. Et cette révélation est la victoire de l'amour sur la souffrance et sur le mal. Dans chaque eucharistie, la conversion du pain en la présence réelle et sacramentelle du Christ appelle la conversion du mal, subi ou commis, en geste de pardon, « *Père, pardonne-leur, car ils ne savent pas ce qu'ils font* » (Lc 23, 33-34), en appel au partage.

L'adoration eucharistique a rapport à l'espérance. Dieu cherche et attend l'homme. Le mémorial de la Pâque du Seigneur nous lance vers le futur dans l'attente de la venue glorieuse du Seigneur. « Le temps est l'éternité commencée. » (Élisabeth de la Trinité) La participation à la table du Seigneur est déjà un symbole de fraternité et de communion qui anticipe les noces éternelles de l'Agneau que nous célébrerons dans la Jérusalem nouvelle. C'est en cela que l'adoration eucharistique est, non seulement héritage, mais aussi promesse, promesse de l'accomplissement de l'histoire du salut dans la rencontre avec le Seigneur.

> « *Si quelqu'un entend ma voix et ouvre la porte, j'entrerai chez lui et je prendrai la Cène avec lui, et lui avec moi.* » (Ap 3, 20)

Cette promesse n'est pas seulement une annonce prophétique, elle est aussi une tâche, un envoi, une mission comme le disait Paul VI dans *Evangelii Nuntiandi*. « Tout commence durant la vie du Christ, est définitivement acquis par sa mort et sa résurrection, mais doit être pleinement réalisé au jour de l'avènement définitif du Christ. » (EN, 9) L'Eucharistie est la source de l'évangélisation. Elle déclenche toute l'action missionnaire de l'Église. Elle évangélise notre rapport au futur.

Notre société valorise peu l'engagement sur le long terme, aussi bien dans la sphère de la consommation (avec la ronde des produits périssables, la mode des nouveautés permanentes), que dans la sphère privée. Le mariage à durée déterminée, le PACS, le concubinage... marquent cette érosion des fidélités sentimentales face au développement des divorces et des séparations. La peur de se tromper, de ne pas être à la hauteur de ses engagements, la peur de se donner... empêchent de s'inscrire dans la durée. On est à la merci de l'impatience face à la lenteur des germinations nécessaires, otage de ses appétits successifs ou de ses plaisirs immédiats. Cette culture de la fébrilité est entretenue par le cyberespace : l'instant d'un clic et notre désir d'achat, notre caprice de contacts sur les réseaux sociaux se trouvent enfin réalisés. L'action dématérialisée ignore l'épaisseur de la temporalité, la montée subtile du désir, le mérite de la conquête. Cet autisme de la société virtuelle, qui fascine tout autant qu'elle emprisonne, nous coupe des mécanismes régulateurs du réel et de la nature, où s'apprennent l'économie et la servitude du temps et de l'histoire.

Nous payons lourdement les conséquences de cette séparation d'avec le sens de la durée. La fuite en avant, dans le consumérisme ou dans l'imaginaire, nous prive d'espérance. Elle conduit inexorablement au désenchantement et à la violence. Car l'être humain ne peut se satisfaire de l'illusion des rêves ou de l'assouvissement de ses besoins primaires. « L'homme passe l'homme », disait Pascal.

« Espérer, c'est attendre Dieu de Dieu », disait Fénelon. C'est ce que réalise l'adoration eucharistique. C'est ce que réclame cette prière où nous sacrifions ce que nous sommes à ce que Dieu veut nous faire devenir. Car l'homme qui n'appartient pas pleinement à Dieu reste inachevé. En contemplant, dans l'adoration, ce que le Christ a déjà fait pour nous, nous lui demandons que sa vie s'accomplisse pleinement en la nôtre.

L'adoration eucharistique suscite un sentiment d'urgence. Elle nous place devant un choix ; elle nous oblige à une prise de position en face de l'amour du Christ exposé à notre regard. « Le monde est en feu. Ce n'est plus le temps de s'occuper des choses de peu d'importance. » (Sainte Thérèse d'Avila) L'eucharistie nourrit, mais aussi elle stimule l'ardeur du baptisé, puisqu'elle l'ordonne au Christ, à l'Église et à sa mission dans le monde. L'amour du Christ nous « presse », dira Paul. L'amour du Christ nous situe face à la brûlure du choix de Dieu. Adorer, c'est faire le choix de la sainteté. En effet, l'eucharistie est à la fois cause exemplaire de sainteté (modèle de kénose), cause finale de la sainteté (elle conduit à l'amour trinitaire), cause efficiente de sainteté (Dieu lui-même agit et sa grâce opère), mais encore cause formelle puisque l'eucharistie nous modèle pour devenir celui que nous contemplons. « En un mot (celui du prêtre), le pain se laisse faire et moi je resterais la même ? », s'interrogeait sainte Thérèse de Lisieux.

L'eucharistie est ainsi un geste d'espérance. Dans le réalisme de sa présence, le Christ se confie tellement à l'homme qu'il se laisse consommer, pour lui offrir le gage et la force de sa victoire sur la mort. L'adoration fait alors entrer dans la patience de Dieu, d'un Dieu qui nous a aimés jusqu'au bout.

« Le chrétien habite notre monde, en venant à lui à partir de son avenir », disait Paul VI. Le christianisme est héritage, mais aussi promesse. Il est l'avenir de l'humanité. Chaque messe célèbre l'avènement du Messie Sauveur, dont nous attendons la venue glorieuse. Évangéliser, c'est poser un acte d'espérance et croire que le monde peut changer parce que le salut nous a été donné dans le Seigneur. L'adoration convertit nos déplorations et nos scepticismes en confiance filiale face à l'œuvre de Dieu qui transforme le monde à partir de la transsubstantiation eucharistique.

Chapitre II

L'ADORATION EUCHARISTIQUE REND CONTEMPORAINS DE LA PÂQUE DU SEIGNEUR

« Jésus Christ a confié à l'Église l'actualisation permanente du mystère pascal. Par ce don, il a institué une mystérieuse contemporanéité entre le triduum pascal et la vie ecclésiale, tout au cours des siècles. Chaque fois que nous célébrons le saint mystère, les sources de l'Église sont anticipées et concentrées dans l'Eucharistie. C'est à travers ce don que le Seigneur institue cette mystérieuse contemporanéité entre lui et le passage des siècles. » (Cardinal Bergoglio, futur pape François, *Catéchèse donnée à l'occasion du Congrès eucharistique international de Québec, 18 juin 2008*)

« *Faites cela en mémoire de moi.* » (Lc 22, 19 ; 1 Co 11, 24-25) C'est en fonction de ce commandement du Seigneur que l'Église a considéré, depuis ses origines, le grand mystère qui avait été confié à sa garde et qu'elle était appelée à transmettre fidèlement tout au long des siècles jusqu'au retour glorieux du Christ. Au temps où les premiers chrétiens fréquentaient encore le Temple et allaient y prier (Ac 2, 42 ; 5, 12 ; 3, 1), le premier acte qui leur permit de se reconnaître comme communauté nouvelle fut précisément la célébration de la « nouvelle Pâque ». De façon surprenante, ils utilisèrent l'expression « fraction du pain » pour indiquer la nouveauté de leur prière. Celle-ci était faite de l'écoute de la Parole, du souvenir de la mort et résurrection du Seigneur et de l'attente joyeuse de son retour ; la prière d'action de grâce, l'eucharistie, s'établit dès l'origine comme mémoire du repas que le Seigneur fit avant sa mort en croix (1 Co 11, 26)[3].

Le concile de Trente marquera une étape fondamentale dans l'histoire du dogme eucharistique. À l'encontre de l'interprétation protestante selon

3. Le concept de « mémoire » (*anamnesis*), central dans la liturgie, renvoie à l'événement de l'institution de l'eucharistie, qui trouve son fondement dans l'acte de Jésus pendant la Cène. Mais cette mémoire inclut la totalité du mystère pascal. Dans la Tertia Pars de la *Summa theologicae*, saint Thomas d'Aquin souligne que le sacrement de l'eucharistie « commémore la Passion du Seigneur », ce que la liturgie exprime en ces termes : « Dans cet admirable sacrement, tu nous as laissé le mémorial de ta Passion. » (Collecte de la fête du Saint-Sacrement).

laquelle la présence du Christ est produite par la foi, les Pères conciliaires affirmèrent que dans l'eucharistie, le Christ n'est pas présent parce que nous croyons, mais que nous croyons parce qu'il est déjà présent, et qu'il n'est pas absent parce que nous ne croyons pas, mais reste avec nous pour que nous puissions vivre en communion avec lui (cf. DS n° 1654). Dans l'histoire du dogme, le concile de Trente met clairement l'accent sur l'affirmation de la présence réelle du Christ dans l'eucharistie. La fin expiatoire et le caractère sacrificiel de l'eucharistie marquent de façon déterminante la théologie de ce sacrement et la terminologie atteint sa forme dogmatique achevée[4].

La célébration de l'eucharistie nous place donc réellement au pied de la Croix et l'adoration eucharistique prolonge cette contemplation du sacrifice rédempteur du Christ. Dans son exhortation apostolique sur le sacrement de l'amour, le pape Benoît XVI soulignait le lien entre la célébration et l'adoration eucharistique : « Que personne ne mange cette chair sans d'abord l'adorer. Nous pécherions si nous ne

4. Dans le sacrement de l'eucharistie sont « contenus vraiment, réellement et substantiellement (*vere, realiter et substantialiter*) le corps et le sang en même temps que l'âme et la divinité de Notre Seigneur Jésus Christ et, en conséquence, le Christ tout entier » (*DS* n° 1651) ; le changement de toute la substance du pain en son corps et de toute la substance du vin en son sang, « l'Église l'appelle d'une manière très appropriée transsubstantiation (*transsubstantiatio*) » (*DS* n° 1652).

l'adorions pas. » En citant saint Augustin, Benoît XVI écrivait : « L'acte d'adoration en dehors de la messe prolonge et intensifie ce qui est réalisé durant la célébration eucharistique. »

Plusieurs paroisses ont développé des lieux et des permanences d'adoration eucharistique. Notre monde bruyant et brouillon pousse par contraste à chercher des espaces d'intériorité et de silence, les lieux où l'on peut rencontrer Jésus. L'adoration est la prière du Christ en état d'offrande sacrificielle vis-à-vis de son Père, pour le salut du genre humain. L'adoration eucharistique est la prière la plus parfaite que nous puissions faire, puisque c'est la prière du Christ qui s'offre au Père pour le salut de tous. Dans le Saint-Sacrement, Jésus se donne radicalement à nous. Adorer, c'est se glisser dans cette offrande de Jésus qui assume et intègre le don que nous faisons de nous-mêmes : le don de nos vies, de nos difficultés, de notre passé[5].

L'eucharistie est le gage de la victoire du Christ sur la mort, la haine et le péché. Contempler Jésus présent dans le Saint-Sacrement de l'autel, c'est

---

5. Nous pouvons continuer de développer des propositions d'adoration auprès des enfants, dans le cadre d'une catéchèse appropriée. Benoît XVI insistait à ce propos sur « les efforts à faire dans le parcours de formation à la première communion, qui initie les enfants au sens et à la beauté du fait de se tenir en compagnie de Jésus eucharistie ».

s'appuyer sur cette victoire acquise par le Christ et que l'Église propose à notre contemplation, afin qu'à travers nos combats pour l'annonce de l'Évangile, nous trouvions dans le sacrifice rédempteur du Christ la force de la foi.

Souvent, pour conjurer nos peurs face à l'avenir, on se met à rêver d'un monde sans crise, sans drame, sans heurt, sans guerre, sans catastrophe. On imagine un monde sans nuage. La publicité fait miroiter, à la pâture de nos écrans ou sur les devantures de nos hypermarchés, le mythe d'un Mardi gras à perpétuité, d'un immense Disneyland. Notre société prend en charge une part de la réalité qu'elle exalte et gonfle au silicone : la part du plaisir, du succès, de la santé, de l'éternelle jeunesse bronzée et athlétique, de la vitesse et de la sécurité… Par le refoulement ou le défoulement, « par le divertissement » (Pascal), elle oublie le reste (le côté sombre). Elle cultive la fuite en avant. Elle est passée maître dans l'art de l'esquive et de l'échappatoire, du zapping et du surf, aussi bien sur internet que sur les vagues de l'océan. Il s'agit d'éviter les obstacles, de contourner la crise, de la fuir à tout prix.

Telle n'est pas la logique de la foi. La foi nous met en situation de crise. On attendrait d'elle qu'elle nous prémunisse du naufrage, qu'elle soit une planche de salut, qu'elle soit la résolution de la crise et non pas son actualisation. Beaucoup de contemporains de

Jésus, qui ne voyaient en Lui qu'un thaumaturge ou qu'un guérisseur, se sont écartés de Lui quand il leur a évoqué la proximité et la nécessité de la Passion, et quand il les a entraînés dans la non-évidence de la foi.

Jésus a conduit les apôtres jusqu'à une situation de crise ; jusqu'à un drame intérieur ; jusqu'à ce qu'ils reconnaissent en leur propre fond ce qu'ils ont reçu de Jésus ; jusqu'à une prise de conscience de ce qui, dans son message, leur était devenu indispensable pour vivre ; jusqu'à un choix : soit la trahison comme Judas qui décide de s'écarter de Jésus au cours du repas de la Cène, soit cette secrète attirance jaillie du plus profond du cœur et de la liberté, qui conduira Pierre à s'écrier : « *Seigneur, vers qui pourrions-nous aller ? Tu as les paroles de la vie éternelle.* » (Jn 6, 68)

L'adoration eucharistique place le croyant devant la présence immolée de Jésus qui offre sa vie par amour. L'adoration « fixe » Jésus en situation de « crise », en cet instant suprême où il paie de sa vie le salut du monde, où il répond par l'amour offert à la violence qui le frappe. N'oublions pas que lorsque Jésus institue l'eucharistie, le groupe des disciples se trouve dans le désarroi : la trahison de Judas est en cours, le reniement de Pierre n'est pas loin, l'abandon des autres apôtres ne tardera pas. Non seulement l'eucharistie est instituée au sein d'un groupe en plein trouble et qui commence à s'éparpiller, mais surtout au cœur de la crise fondamentale, celle de l'heure du Fils, sa Pâque. L'adoration eucharistique porte en son essence la trace de cette crise en laquelle se récapitulent toutes les tragédies de l'histoire humaine.

Tant de personnes seules, abandonnées, otages d'un drame intérieur, angoissées, rattrapées par leur passé, sans espérance… ont trouvé dans l'adoration eucharistique un suprême réconfort, une paix et une réponse qu'aucun psychologue, qu'aucune oreille bienveillante n'aurait pu leur offrir. Face à ces êtres plongés dans le Vendredi saint, seul peut parler de la mort et de la résurrection Celui qui est sorti du tombeau vivant à jamais, le Christ présent dans le Saint-Sacrement de l'autel.

Chapitre III

L'ADORATION EUCHARISTIQUE INTRODUIT DANS LE DYNAMISME DE LA VIE TRINITAIRE

L'adoration du Saint-Sacrement de l'autel rapporte notre foi à trois vérités dogmatiques unies entre elles : la conception virginale de Jésus par l'action de l'Esprit Saint (son humanité du Fils de Dieu), la présence réelle de Jésus dans l'eucharistie (son sacrifice rédempteur) et la résurrection du Christ avec son corps glorieux (sa victoire pascale). Ces trois vérités dogmatiques se nouent entre elles synthétiquement dans l'acte d'adoration qui atteste de la présence réelle de Jésus, de l'effectivité de son salut, de son entrée dans la gloire céleste qui prépare et précède la nôtre. L'adoration, non seulement rapporte au Christ, mais aussi nous donne accès au mystère même de Dieu, communion du Père et du Fils dans l'unité du Saint-Esprit.

En effet, le silence de l'adoration renvoie au silence de la Croix, mais aussi au mystère de la vie trinitaire. Ce silence n'est pas un mutisme sourd, mais le réalisme d'une présence qui excède toute parole humaine. L'eucharistie exposée est un signe éloquent qui nous exonère de tout discours justificateur qui serait de trop. L'eucharistie renvoie inexorablement à l'Amour divin qui la porte. Un amour qu'aucun langage ne peut contenir et qui ne s'exprime que dans l'excès de sa manifestation. L'adorateur est renvoyé à cette surabondance. Je pense à cet échange entre Thérèse de l'Enfant-Jésus et une de ses consœurs carmélites. Celle-ci lui demandait : « Que dites-vous à Jésus ? » Thérèse de répondre : « Je ne dis rien, je l'aime. » L'excès surabondant d'amour dont l'eucharistie est chargée réclame une écoute et une disponibilité intérieure pour accueillir la Parole faite chair et se suffire de la contempler dans son exposition. « Si le mot que tu vas prononcer est moins important que le silence que tu vas quitter, alors tais-toi. » (proverbe touareg)

Tel est le poids d'amour dont l'adoration eucharistique est chargée. Cette centration en Dieu Trinité écarte le factice, le superficiel, les insidieuses compromissions avec l'esprit du monde. Ce face à face renvoie aussi à un « mode de vie eucharistique » marqué par l'humble et mesuré usage des choses et du temps et la célébration évangélique du quotidien.

L'adoration eucharistique nous place à l'intérieur de l'élan trinitaire. Celui du Christ, en état d'offrande sacrificielle vis-à-vis du Père. Le temps passé à adorer est habité par ce mouvement. Nous ne sommes pas renvoyés à nos états d'âme, à un vague désir de spirituel, à notre subjectivité mouvante... Nous nous trouvons face au Christ qui s'en remet au Père. « *Entre tes mains, je remets mon esprit.* » (Lc 23, 46) En dehors de la foi, aucune méthode ou stratagème ne peut nous conduire à Dieu. L'adoration christianise notre prière et nous donne accès à Dieu. Par l'adoration, nous sommes appelés à devenir ce que nous contemplons.

Adorer, c'est en conséquence se glisser dans cette offrande et cette prière de Jésus en direction du Père, prière qui assume et intègre le don que nous faisons de nous-mêmes : le don de nos vies, de nos difficultés, de notre passé.

Si le Ressuscité fonde notre foi, sa présence eucharistique ne peut se réduire à une réalité statique qui nous conduirait à prendre Dieu lui-même pour un objet. L'eucharistie est don de Dieu pour la vie du monde. Dans l'eucharistie, le don de Dieu est Lui-même ! L'eucharistie est Dieu donné, Dieu dans l'action même de se donner et en cela, Dieu se dévoile comme Père offrant son Fils en partage.

L'eucharistie n'est pas un don parmi tant d'autres, mais le don par excellence.

> « Jésus, dans l'eucharistie, donne, non pas quelque chose de lui-même, mais il se donne lui-même ; il offre son corps et il verse son sang. De cette manière, il donne la totalité de son existence révélant la source originaire de son amour. Il est le Fils éternel donné pour nous par le Père. » (Benoît XVI, *Le Sacrement de l'amour*, n° 7)

Pour adorer le Père, le seul chemin est la sainte humanité du Christ. Toute la vie de Jésus est offrande et adoration au Père et aujourd'hui encore, dans l'Eucharistie, Jésus adore son Père. Au tabernacle, Jésus lègue à son Église son offrande éternelle du Père. Il veut nous associer à son adoration. Ainsi, en vénérant le Saint-Sacrement, nous entrons dans l'adoration du Fils pour son Père. Son adoration devient la nôtre. Quelle voie royale que l'adoration du Saint-Sacrement pour adorer le Père *« en esprit et en vérité »* (Jn 4, 23)[6]. Toute prière eucharistique,

---

6. « *Si vous m'aimez, vous garderez mes commandements ; et je prierai le Père et il vous donnera un autre Paraclet, pour qu'il soit avec vous à jamais, l'Esprit de Vérité, que le monde ne peut pas recevoir, parce qu'il ne le voit pas ni ne le reconnaît* » (Jn 14, 15-17).

« La fin ultime de toute l'économie divine, c'est l'entrée des créatures dans l'unité parfaite de la Bienheureuse Trinité (Jn 17, 21-23). Mais dès maintenant, nous sommes appelés à être habités par la Très Sainte Trinité : "*Si quelqu'un m'aime*, dit le Seigneur, *il gardera ma parole, et mon Père l'aimera et nous*

au cœur du canon de chaque messe, renvoie à la vie trinitaire. Elle est une prière adressée au Père. En elle, s'accomplit le miracle de la présence de Jésus par l'effusion de l'Esprit Saint (épiclèse et paraclèse) qui transforme le pain et le vin. Et à chaque messe, Jésus se livre jusqu'à la Croix pour accomplir l'œuvre du Père, en se chargeant des péchés du monde (1 Jn 2, 2). Ce cortège trinitaire est vécu aussi chaque fois que l'on adore le Saint-Sacrement de l'autel[7].

---

viendrons à lui, et nous ferons chez lui notre demeure" (Jn 14, 23). » Cette parole du Seigneur s'accomplit merveilleusement dans la vie eucharistique des chrétiens (CEC n° 260).

7. « Présence, sacrifice et communion, l'Eucharistie est la source et le sommet de toute évangélisation, puisque son objectif est la communion des hommes avec le Christ, en lui, avec le Père et avec l'Esprit Saint. » (Cardinal Bergoglio, futur pape François, *Catéchèse donnée à l'occasion du congrès eucharistique international de Québec*, 18 juin 2008).

Chapitre IV

L'ADORATION EUCHARISTIQUE, LIEU D'ÉVANGÉLISATION DE LA PERSONNE

1. L'adoration évangélise notre corps

De quelle manière faire entrer nos contemporains dans ce mouvement d'adoration, dans un contexte où le rapport au corps est biaisé ? Le corps est souvent exhibé comme un objet de séduction et de convoitise. Il est devenu produit publicitaire et de promotion commerciale ; il est encore sujet à des manipulations (boîte à outils pour les transplantations d'organes et les manipulations génétiques).

D'un côté, le corps est adulé et de l'autre, méprisé, quand il est fripé, usé, déjà habité par la proximité de la mort ou quand il ne correspond plus aux canons de la beauté, à l'utopie de l'éternelle jeunesse. Tant de nos contemporains voudraient un corps éternellement indemne, préservé et qui n'a pas servi. Un corps sans histoire.

Dans l'adoration, face au corps eucharistique du Christ, corps livré pour la vie du monde, corps qui a transité par la mort et qui s'est fait don et nourriture, corps qui révèle à l'Église l'intériorité et le mystère de l'amour de Dieu pour l'homme, le croyant agenouillé est invité à offrir son corps « *en hostie, vivante, sainte, agréable à Dieu* » (Rm 12, 1). En mobilisant son corps dans un geste de recueillement et d'offrande, en déchargeant son esprit de toute préoccupation, centré sur Jésus-Hostie, l'adorateur accueille pour lui-même, au nom de l'Église et pour le salut du monde, la Mission salvifique du Christ qui donne sa vie pour le monde.

L'instruction de la Congrégation pour les sacrements et le culte divin publiée en 1980 rappelle d'ailleurs quelques normes relatives au culte eucharistique et notamment concernant l'engagement du corps dans l'attitude d'offrande de soi.

> « Devant le Saint-Sacrement, qu'Il soit enfermé dans le tabernacle ou exposé publiquement, on conservera la coutume vénérable de faire la génuflexion, en signe d'adoration. Il faut donner une âme à ce geste. Afin que le cœur s'incline avec un profond respect devant Dieu, la génuflexion ne sera faite ni d'une manière empressée, ni d'une manière distraite. » (*Inestimabile donum* 3-4-1980, n° 26)

L'affectivité de nos contemporains souffre de carences. Nous assistons à une dislocation de la personne humaine entre le corps, le psychisme et l'âme. La promotion de l'érotisation et son exposition dans les médias contribuent également à promouvoir de nombreuses déviances affectives. Face au corps eucharistique de Jésus exposé sur l'autel, je suis appelé à transformer ma relation à mon propre corps et au corps de l'autre, à habiter mon corps avec respect, pudeur, dignité, pureté. « *Glorifiez Dieu dans vos corps.* » (1 Co 6, 20) L'adoration fait acquérir la vertu de chasteté. Elle guérit et restaure notre chair appelée à la résurrection glorieuse (Rm 8, 11)[8].

Toutes les postures physiques de notre corps font partie de notre manière de prier. De même que l'écoute recueillie de la Parole de Dieu requiert la position assise et que la disponibilité (cf. comme Israël qui mange debout l'agneau pascal) ou le mouvement de la Résurrection (Ac 7, 56) réclament la station debout, la grandeur de Dieu et de son Nom s'expriment par l'agenouillement. Jésus a été adoré dès sa naissance (cf. Mt 2, 2). D'après le récit de saint Luc, Jésus-Christ lui-même a prié à genoux durant les dernières heures avant sa passion, sur le mont des Oliviers (cf. Lc 22, 41). Étienne tomba à genoux lorsque, avant son martyre, il vit le Ciel ouvert et

8. « *Dieu donnera la vie à vos corps mortels* ».

le Christ debout (cf. Ac 7, 60). Devant celui qui est debout, il se met à genoux. Pierre a prié à genoux pour demander à Dieu la résurrection de Tabitha (cf. Ac 9, 40). Après son grand discours d'adieu devant les anciens d'Éphèse (avant son départ pour Jérusalem où l'attend la captivité), Paul a prié avec eux à genoux (cf. Ac 20, 36). L'hymne au Christ de la lettre aux Philippiens (cf. Ph 2, 6-11) applique à Jésus-Christ la promesse d'Isaïe annonçant la prosternation à genoux de toute la terre devant le Dieu d'Israël : « *au nom de Jésus* », tout « *s'agenouille, au plus haut des cieux, sur la terre et dans les enfers* » (Ph 2, 10). Dans son adresse aux Philippiens, l'apôtre des Gentils présente ainsi la liturgie de l'Église comme un agenouillement : l'Église plie les genoux devant le Seigneur.

Cette position à genoux est l'expression corporelle de notre adhésion à la présence réelle de Jésus-Christ, qui, comme Dieu et homme, avec son corps et son âme, avec sa chair et son sang, se rend présent parmi nous. Notre foi au Verbe incarné qui est allé jusqu'à donner sa vie, son corps, sa mort pour le salut du monde, nous conduit, comme les bergers et les mages, à exprimer nous aussi par notre corps notre émerveillement et notre adoration. Dans le grec du Nouveau Testament, *proskinesis*, le prosternement atteste de la soumission à l'autorité de Dieu, la reconnaissance que Dieu est notre seule et vraie mesure, et que notre vie met le cap en sa direction. Ainsi, *proskinesis* en grec et *ad oratio* (en latin, au sens étymologique, la bouche, le baiser, le bouche-à-bouche) sont complémentaires face à la sainteté de Dieu. D'un côté, l'agenouillement reconnaît l'immensité du Créateur et sa propre indignité de pécheur ; de l'autre côté, l'adoration souligne la proximité de Dieu qui se manifeste gracieusement et atteste de notre dignité filiale.

Notre corps manifeste visiblement ce que notre cœur croit. Ainsi, la philosophe Simone Weil, d'origine juive et non croyante, exprimait en ces termes sa découverte du Christ à Assise en 1936 : « Quelque chose de plus fort que moi m'a obligé, pour la première fois de ma vie, à me mettre à genoux. » Oui, nous avons la grâce de connaître quelqu'un devant qui s'agenouiller[9]. Le témoignage des saints est à ce sujet éloquent : saint Dominique se prosternait sans cesse, en *venia* (allongé de tout son long à plat ventre) en présence du Saint-Sacrement. Sœur Marie-Aimée de Jésus baisait le sol devant le Saint-Sacrement, disant qu'elle ne voulait plus se relever et rester dans cette humble posture toute sa vie. On pourrait y voir quelque chose d'excessif. Il n'en est rien pourtant. L'attitude extérieure traduit la dévotion intérieure. Saint Pierre-Julien Eymard

9. Léon Bloy écrivait : « Au fond, il n'est qu'une tristesse, celle de ne pas être un saint ». On pourrait ajouter : « Celle de ne pas adorer ».

nous rappelle que le premier mouvement de l'adoration consiste justement à se prosterner à terre, le front incliné. C'est une attitude qui nous permet de proclamer sans mots la majesté infinie du Dieu qui se cache sous le voile de l'Eucharistie.

2. L'adoration évangélise notre intériorité

La première personne rencontrée par la mission, c'est le missionnaire lui-même. Celui-ci doit consentir à se laisser évangéliser par le Christ, qu'il aura vocation à annoncer. La nouvelle évangélisation est une école de sanctification personnelle, mais aussi de purification intérieure.

Le monde qui refuse Dieu, ou qui ne le reconnaît pas dans le visage de Jésus-Christ, souffre de nombreuses maladies et connaît beaucoup de souffrances. L'évangélisation est l'annonce du salut apporté par le Christ et l'eucharistie, « source et sommet de la mission », est le sacrement de la guérison et de la restauration.

Pour les Pères de l'Église, l'eucharistie était considérée comme le médicament d'éternité. Elle est un remède. Jésus continue de toucher les malades avec son corps eucharistique. Saint Thomas d'Aquin comprend l'eucharistie comme le pain de l'âme.

> « Comme le pain soutient le corps, l'eucharistie soutient l'âme. Comme le pain répare le corps, l'eucharistie répare l'âme. Comme le pain accroît la vie du

corps, l'eucharistie accroît la vie de l'âme. Comme le pain réjouit le corps, l'eucharistie réjouit la vie de l'âme, parfois même aussi la vie du corps, comme il nous est donné de le voir[10]. »

Quelles sont les maladies spirituelles dont nous pouvons être atteints et qui trouvent dans l'eucharistie un remède ?

a. L'eucharistie vient nous libérer du lien avec le mauvais, l'eucharistie met en fuite le démon. L'eucharistie nous libère des souillures du cœur (Isaïe 6 utilise l'image du tison ardent brandi par le séraphin) et des idolâtries.

« Adorer le Dieu de Jésus-Christ, qui s'est fait pain rompu par amour, est le remède le plus valable et radical contre les idolâtries d'hier et d'aujourd'hui. S'agenouiller devant l'eucharistie est une profession de liberté : celui qui s'incline devant Jésus ne peut et ne doit se prosterner devant aucun pouvoir terrestre,

---

10. Saint Thomas d'Aquin utilise l'image de la guérison d'un enfant par Élisée par le « corps à corps » : « *Élisée arriva à la maison ; là était l'enfant, mort et couché sur son propre lit. Il entra, ferma la porte sur eux deux et pria le Seigneur. Puis il monta sur le lit, s'étendit sur l'enfant, mit sa bouche contre sa bouche, ses yeux contre ses yeux, ses mains contre ses mains, il se replia sur lui et la chair de l'enfant se réchauffa. Il se remit à marcher de long en large dans la maison, puis remonta et se replia sur lui, jusqu'à sept fois : alors l'enfant éternua et ouvrit les yeux.* » (2 R 4, 32-35) De la même façon, le corps eucharistique du Christ réhabilite notre propre corps dans toutes ses facultés.

aussi fort soit-il. Nous les chrétiens, nous ne nous agenouillons que devant Dieu, devant le Très Saint Sacrement. » (Benoît XVI, *Homélie pour la Fête-Dieu 2008*).

b. L'eucharistie nous libère de la concupiscence. Saint Thomas d'Aquin prend l'exemple de Marie. Comme Marie, quand nous recevons en nous le corps du Christ, nous recevons l'Esprit de Jésus qui nous recouvre de son ombre. Cette ombre est rafraîchissante. C'est l'ombre de la grâce. C'est l'ombre de la bénédiction qui nous libère de toutes les formes de concupiscence qui peuvent nous habiter et nous détournent de l'œuvre du Père.

c. L'eucharistie nous purifie de l'orgueil, qui est au point de départ de toute maladie de l'âme. En effet, c'est par la faiblesse de la chair, manifestée à la crèche, exaltée sur la Croix et présentée dans l'hostie, que le Christ est victorieux de l'orgueil du péché. L'adoration eucharistique fait accéder à cette kénose de Dieu qui est la clé de compréhension du mystère du salut et nous ouvre à l'intelligence de la foi pascale.

d. L'adoration de Jésus Eucharistie est une école de don de soi. Jésus s'y livre inconditionnellement, substantiellement, réellement et personnellement. Il se met à notre merci. Il se jette en pâture dans l'eucharistie. Cette livraison radicale nous libère de l'égoïsme du repli ou du retour sur soi qui va jusqu'à la servitude de soi et conduit à la mésestime des autres et de soi-même. Tant de personnes aujourd'hui ont été privées de l'amour initial et de la confiance nécessaire à la première étape de leur vie (familles décomposées…). Dans l'adoration eucharistie, Jésus se fait présent à moi. « Quand tu ne me regardes pas, je t'appelle *femme* ; mais dès que tu me regarderas, je t'appellerai *Marie* », dit saint Ambroise en mettant dans la bouche de Jésus Ressuscité les premières paroles adressées à Marie-Madeleine (Jn 20, 13-16). En parlant de Jésus, Benoît XVI écrivait : « Sa façon d'être Dieu provoque notre façon d'être homme. » L'eucharistie nous invite en retour au don radical de nous-mêmes. Elle nous libère de l'indifférence et du retour sur soi.

e. L'eucharistie est une force curative et thérapeutique face à l'ignorance et à l'obscurcissement du cœur. C'est lors de la fraction du pain que les disciples d'Emmaüs reconnaissent le Ressuscité. Alors, l'intelligence des Écritures les fait entrer profondément dans le projet de Dieu (Lc 24, 45).

f. L'eucharistie guérit du découragement. L'eucharistie, « pain des forts », fortifie le cœur de l'homme (Psaume 104). L'eucharistie nous aide à continuer la route vers la terre promise. Face à la crainte de la mort (« *Qui mange de ce pain ne mourra pas* » et « *Qui mange ma chair, je le ressusciterai au dernier jour* »), l'eucharistie est le sacrement de la vie éternelle. L'Eucharistie réalise la promesse du Christ Ressuscité, telle que Matthieu l'exprime à la fin de son Évangile : il demeurera avec nous tous les jours jusqu'à la fin du monde (cf. Mt 28, 20). Quelle que soit notre lassitude, l'eucharistie témoigne que Dieu est toujours là !

g. L'eucharistie est source de fécondité. L'adoration eucharistique guérit l'Église de la stérilité spirituelle et missionnaire. En donnant sa vie, le Christ nous donne la Vie.

h. L'eucharistie ré-affermit notre fidélité à Dieu. La nouvelle évangélisation, à l'école de l'adoration eucharistique, fait entrer le peuple chrétien dans un chemin de rénovation baptismale, à partir d'une rencontre personnelle et vivante avec le Christ, présent dans le Saint-Sacrement.

> « La contemplation de l'Eucharistie doit pousser tous les membres de l'Église, en premier lieu les prêtres, ministres de l'Eucharistie, à raviver leur engagement de fidélité. Pour les laïcs aussi, la spiritualité eucharistique doit constituer le moteur intérieur de toute activité et aucune dichotomie n'est admissible entre la foi et la vie, dans leur mission d'animation chrétienne du monde. » (Benoît XVI, *Homélie du dimanche 23 octobre 2005*, à l'occasion de la Journée mondiale des Missions)

i. Paradoxalement, le rationalisme a engendré le sentimentalisme. La raison est devenue captive du positivisme scientifique. Elle n'est plus sagesse de vie. Elle laisse libre cours à l'émotionnel. La vie personnelle et sociale est désormais envahie par le pathos, diffusé à flux continu par les médias. On éprouve alors beaucoup de mal à accéder à Dieu par la raison. L'adoration eucharistique purifie du subjectivisme. L'adoration christianise notre intériorité en la délivrant du sentimentalisme et du narcissisme pour qu'elle se rapporte au Christ. Elle objective la présence du Christ dans le réalisme et l'actualité de sa Rédemption. L'adoration du Saint-Sacrement constitue un acte théologal de foi, d'espérance et de charité, en la présence réelle de Jésus qui délivre notre intelligence de l'émotionalité (il ne s'agit pas de bannir les sentiments, mais d'éviter de dépendre totalement d'eux). L'adoration affirme la dimension verticale de la foi.

j. Devant le Saint-Sacrement, l'adorateur pose un acte de désir. « *Mon âme a soif de toi, Seigneur* » (Ps 142, 6), chante le psalmiste. L'adoration est une communion de désir. Rester devant le Saint-Sacrement soulage l'adorateur de l'acédie, de la torpeur, de la tristesse, en maintenant une vraie faim de Dieu, et « du pain de vie » que Dieu nous offre en son Fils. L'adorateur garde le cœur en éveil.

k. L'adoration fait entrer dans la pauvreté évangélique. Qu'est-ce que le chemin de l'authentique sainteté ? Face à la tentation de la réussite, de la performance et de l'exaltation jouisseuse de soi, l'adoration nous ramène à la pauvreté de notre condition humaine de créature et de pécheur qui, agenouillé, accueille humblement le salut de Dieu. L'adoration dément notre tentation de se prendre pour un surhomme qui voudrait se passer de Dieu.

l. Le silence de la prière d'adoration nous libère du bavardage, de la tentation de toujours s'exposer médiatiquement et de « se dire », dans une connectivité permanente (hégémonie du téléphone portable et de l'ordinateur). La plénitude de présence réelle du Christ offerte dans l'eucharistie nous exonère de toute autre parole.

Chapitre V

L'ADORATION EUCHARISTIQUE, SOURCE DE LA COMMUNION ECCLÉSIALE ET MISSIONNAIRE

« La forme eucharistique de l'existence chrétienne est une forme ecclésiale et communautaire », écrivait Benoît XVI dans son exhortation apostolique sur l'eucharistie[11]. Comment éveiller à la conscience communautaire de la vie chrétienne dans un contexte

11. « Le sacrement de l'autel est toujours au centre de la vie ecclésiale : grâce à l'Eucharistie, l'Église renaît sans cesse de nouveau ! Plus vive est la foi eucharistique dans le peuple de Dieu, plus profonde est sa participation à la vie ecclésiale par l'adhésion convaincue à la mission que le Christ a confiée à ses disciples. L'histoire de l'Église elle-même en est témoin. Toute grande réforme est liée, d'une certaine manière, à la redécouverte de la foi en la présence eucharistique du Seigneur au milieu de son peuple. » (*Le Sacrement de l'Amour*, n° 6).

d'individualisme et de subjectivisme ? En communiant ensemble au corps eucharistique du Christ, nous sommes intégrés à son corps ecclésial. Nous formons, en lui et par lui, un seul corps dont il est la Tête.

L'eucharistie est le sacrement de l'intimité (Dieu en nous), mais aussi de l'unité de l'Église et de la fraternité (nous tous en Dieu). Une fraternité non pas d'abord d'opinion, d'affinités, de sentiments, mais une solidarité sacramentelle que l'apôtre Paul présente comme une « incorporation au Christ ». L'enjeu est de taille. Dans les communautés chrétiennes, tant de fidèles sont parfois juxtaposés les uns aux autres. Ils ne se connaissent pas entre eux. Comment, à partir de l'eucharistie, peut se constituer réellement, visiblement, un corps, c'est-à-dire un maillage humain et spirituel, un esprit de famille où chacun est accueilli pour ce qu'il est, avec ses difficultés et ses dons ? Comment développer une spiritualité et une ecclésiologie de communion ? L'adoration est une réponse à ces questions.

Certes, ce rassemblement et cette communion appellent des efforts d'accueil et d'hospitalité, mais, comme le montrent les Actes des Apôtres, c'est la prédication de la Parole (l'annonce de la foi) qui « transperce le cœur » et, en nous ouvrant au Christ, nous ouvre les uns aux autres et nous fait entrer dans la charité fraternelle.

Souvent, le mot « communion » est compris de manière horizontale : c'est la recherche d'un consensus viable avec des personnes ayant des opinions, des traditions ou des sensibilités différentes. Cette communion se réduit à la recherche patiente et toujours négociée d'un consensus qui garantisse la pluralité des expressions ou des convictions. Cette solidarité sociologique, politique ou affective est insuffisante pour qualifier la communion ecclésiale. La source de la communion est eucharistique et c'est à ce titre que le prêtre est l'homme de la communion. Relisons les principes fondateurs de cette communion sacramentelle que rappelle saint Paul :

> « *La coupe de bénédiction que nous bénissons n'est-elle pas communion au Sang du Christ ? Le pain que nous rompons n'est-il pas communion au corps du Christ ? Parce qu'il n'y a qu'un seul pain, à plusieurs nous ne sommes qu'un seul corps, car tous nous participons à ce pain unique.* » (1 Co 10, 16 et s.)

La célébration eucharistique fonde la communion ecclésiale dont les prêtres sont les ministres. D'ailleurs, le langage liturgique traduit cette vérité puisque la réception de l'eucharistie s'appelle « la communion ».

La communion ecclésiale se fait à partir et dans l'eucharistie. Toutes les œuvres, apostolats et services de charité, de solidarité et de fraternité se déploient par cercles concentriques à partir de l'eucharistie et dans son rayonnement.

À chaque célébration eucharistique, la vocation du prêtre est « d'incorporer ». En mangeant tous le même pain, le même Christ, nous sommes arrachés à notre individualité fermée, à notre existence solitaire, à la privatisation de notre existence. Nous sommes identifiés au Christ et donc identifiés les uns aux autres par la communion au Christ. Communier au Christ, c'est communier les uns aux autres. Nous ne nous trouvons pas à côté les uns des autres, chacun pour soi. Mais tout baptisé qui communie devient pour moi « *l'os de mes os et la chair de ma chair* » (Gn 2, 23). Aucun projet social, aucun acte de solidarité ne peut atteindre un tel degré de communion.

Cette « incorporation » s'accomplit par engendrement. Elle est le fruit d'un sacrifice. En versant son sang (sang qui désigne dans la conception hébraïque, la vie) c'est-à-dire en donnant sa vie, le Christ donne vie au monde. En livrant son Corps, le Christ réunit en un seul corps son Église[12].

---

12. Le concile Vatican II a mis fortement l'accent, dans plusieurs de ses documents, sur le lien étroit qui existe entre l'eucharistie et l'Église. Au moins à trois reprises, nous retrouvons cet enseignement dans *Lumen Gentium* (LG 3,11,26) : « En se nourrissant du corps du Christ dans la sainte communion, ils manifestent concrètement l'unité du Peuple de Dieu qui, dans ce sublime sacrement, est convenablement signifiée (*significatur*) et merveilleusement réalisée (*efficitur*). » (LG 11) Presque identique,

Depuis Henri de Lubac, nous avons l'expression : « L'eucharistie fait l'Église et (en retour) l'Église fait l'eucharistie. » *Eucharistia facit ecclesiam* nous indique, dans les termes les plus simples, que dans la Cène du Seigneur, nous trouvons non seulement le mémorial (*zikkaron*) de la Pâque de Jésus – mémorial de sa passion, mort et résurrection – mais aussi l'actualisation du mystère pascal dans la diversité des temps et des lieux, tout au long de l'histoire. L'eucharistie renouvelle, dans chaque communauté chrétienne et dans chaque vie chrétienne, la réconciliation et le pardon que Dieu opère à travers elle et la vie ressuscitée de Jésus-Christ.

Mais, à son tour, l'Église fait l'eucharistie : *Ecclesia facit eucharistiam*. Ainsi, l'eucharistie a besoin, pour sa réalisation, du service ministériel de l'Église. C'est ce ministère qui rassemble les fidèles, proclame le Verbe, rompt et partage le pain.

---

y compris dans sa formulation, est l'enseignement de *Unitatis redintegratio et Orientalium ecclesiarum*. Dans *Sacrosanctum Concilium*, il est dit que la célébration liturgique est le sommet vers lequel doit tendre toute l'action de l'Église et vers lequel doit s'orienter tout son travail apostolique (SC n° 10) ; *Presbyterorum Ordinis* indique que tous les ministères ecclésiaux sont liés à l'eucharistie et ordonnés à elle (PO n° 5). Par ailleurs, le *Catéchisme de l'Église catholique* nous rappelle que l'Église vit en communautés eucharistiques : « Elle existe dans les communautés locales et se réalise comme assemblée liturgique, surtout eucharistique. » (CEC n° 752) En conséquence, l'Église se manifeste pleinement, se « réalise », dans la célébration eucharistique.

L'eucharistie est la source, le centre et le sommet, la continuité de la vie trinitaire de l'Église, le cœur même de sa communion et de sa mission.

> « L'Église universelle apparaît comme un peuple qui tire son unité de l'unité du Père et du Fils et de l'Esprit Saint. » (*Lumen Gentium* n° 4).

> « L'eucharistie fonde la communauté et la met au service des hommes », a dit le Synode des évêques de 1971. « Autant que de rendre Jésus présent dans l'hostie, l'eucharistie nous est donnée pour le rendre présent dans le monde. »

L'action et l'accomplissement de l'amour du Christ dans ce monde, dans toute l'histoire humaine, sont véritablement un des objectifs fondamentaux de l'eucharistie dans la vie de l'Église.

On peut donc dire à juste titre que l'Église et sa mission existent pour porter l'action salvifique, le corps salvifique de Jésus, dans tous les temps et dans tous les lieux du monde. Ainsi, l'humanité tout entière, dans toutes les nations et dans toute l'histoire humaine, pourra se rassembler comme une seule famille, une seule communauté autour de la table du Seigneur jusqu'à la fin des temps. Les Apôtres, réunis autour de Pierre, reçurent le mandat suivant : « *Vous ferez cela en mémoire de moi* » (1 Co 11, 25), et aussi : « *Allez dans le monde entier, proclamez l'Évangile à toute la création.* » (Mc 16, 15) Ces deux mandats sont inséparables. L'eucharistie, non seulement rassemble l'Église, mais nous envoie à l'extérieur, pour rassembler toute l'humanité. Si l'eucharistie est comme le cœur de l'Église, elle ne peut l'être que dans le double mouvement qui fait battre son cœur : systole et diastole ! Ce double balancement structure la vie de l'Église. Celle-ci est rassemblée pour être envoyée à nouveau, de dimanche en dimanche, afin de ne pas perdre son identité en oubliant sa source. En faisant mémoire du corps livré et du sang versé du Christ, l'Église se laisse saisir par l'Esprit Saint pour devenir elle-même corps livré et sang versé pour le salut de tous.

Tous les chrétiens sont donc appelés à accueillir la présence vivante et opérante du Seigneur crucifié et ressuscité dans leur cœur et, en quittant la sainte table, de transmettre cette présence à travers l'amour et le service dans tous les actes de leur vie quotidienne, afin que le corps ecclésial et sacramentel qu'est l'Église puisse accomplir son destin, celui de faire de toute l'humanité le Corps vivant du Christ dans le monde.

L'évangélisation n'est pas seulement une annonce du Christ, mais aussi un processus d'incorporation à l'Église. D'où le lien sacramentel entre l'évangélisation et l'eucharistie[13]. La communauté se constitue, dans

13. « L'incorporation au Christ, réalisée par le baptême, se renouvelle et se renforce continuellement par la participation au Sacrifice eucharistique, surtout par la pleine participation

sa sacramentalité, par la célébration de l'eucharistie et par l'adoration eucharistique qui la prolonge et l'intériorise. En contemplant Jésus eucharistie, livré pour que le monde ait la vie, nous sommes appelés à donner notre vie, en retour, au Christ et à nos frères. Elle est une école de ferveur apostolique.

---

que l'on y a dans la communion sacramentelle. Nous pouvons dire, non seulement que chacun d'entre nous reçoit le Christ, mais aussi que le Christ reçoit chacun d'entre nous. Il resserre son amitié avec nous : *"Vous êtes mes amis."* (Jn 6, 57) Quant à nous, nous vivons grâce à lui : *"Celui qui me mangera vivra par moi."* (Jn 6, 57) Pour le Christ et son disciple, demeurer l'un dans l'autre se réalise de manière sublime dans la communion eucharistique : *"Demeurez en moi, comme moi en vous."* (Jn 15, 4) » (Jean-Paul II, *L'Église vit de l'Eucharistie*, n° 22).

Et le pape polonais d'ajouter : « En s'unissant au Christ, le peuple de la Nouvelle Alliance, loin de se refermer sur lui-même, devient "sacrement" pour l'humanité, signe et instrument du salut opéré par le Christ, lumière du monde et sel de la terre (Mt 5, 13-16) pour la rédemption de tous. La mission de l'Église est en continuité avec celle du Christ : *"De même que le Père m'a envoyé, moi aussi, je vous envoie."* (Jn 20, 21) C'est pourquoi, de la perpétuation du sacrifice du Christ dans l'Eucharistie et de la communion à son corps et à son sang, l'Église reçoit les forces spirituelles nécessaires à l'accomplissement de sa mission. Ainsi, l'Eucharistie apparaît en même temps comme la source et le sommet de toute l'évangélisation, puisque son but est la communion de tous les hommes avec le Christ et en lui, avec le Père et l'Esprit Saint ».

Chapitre VI

L'ADORATION EUCHARISTIQUE EST LE MOTEUR DE LA MISSION, ACTION DE GRÂCE ET INTERCESSION

Trois verbes récapitulent les effets sanctifiants de l'Eucharistie pour la vie chrétienne : l'Eucharistie **nourrit**, l'Eucharistie **stimule**, l'Eucharistie **guérit**. Elle ordonne au Christ et à son Église. Elle remet le monde à l'endroit, grâce à sa vertu propre qui est de transformer, sanctifier et fortifier notre vie et la vie du monde[14]. « L'Eucharistie, comme source et

14. En citant saint Thomas d'Aquin (*Sum. Theol* III n° 3), le concile Vatican II explique que « les sacrements, ainsi que tous les ministères dans l'Église et les œuvres de l'apostolat, sont en cohésion avec la sainte Eucharistie et ordonnés à elle. C'est pourquoi l'Eucharistie doit être reconnue comme la source et le sommet de toute l'évangélisation ».

sommet de la vie et de la mission de l'Église, doit se traduire en spiritualité, en vie selon l'Esprit, en forme eucharistique d'existence chrétienne », disait Benoît XVI. Il reprenait à son compte la formule de saint Ignace d'Antioche qui parlait des chrétiens comme « ceux qui vivent selon le dimanche ». Le dimanche est le jour où le chrétien retrouve la forme eucharistique de son existence.

Comment la célébration de la messe, qui se situe dans un espace-temps limité, peut-elle irradier, intégrer, transfigurer toutes les dimensions de notre vie et toutes nos activités ? Comment la célébration de l'eucharistie peut-elle transformer notre semaine ? En est-elle vraiment le cœur, la source, le sommet ?

Il y a quelques jours, j'ai passé une journée de récollection avec des couples divorcés remariés. C'est en écoutant la souffrance que beaucoup exprimaient, par fidélité à la discipline de l'Église et par amour de l'Église, souffrance de ne plus pouvoir communier au Corps et au Sang du Christ, que je mesurais la grâce inouïe qui nous est offerte et dont nous ne prenons conscience que lorsque nous en sommes privés. « Il y a quelque chose de pire que d'avoir une âme mauvaise, c'est d'avoir une âme habituée », disait Péguy. Comment ne pas « s'habituer » à l'eucharistie puisque, si elle se répète, c'est que nous ne parvenons jamais au bout de son mystère ni à accéder à sa nouveauté radicale ?

L'adoration eucharistique nous place dans une « situation pascale ». Elle est une rencontre avec l'amour infini de Dieu révélé en Jésus-Christ, qui se rend présent sous les espèces consacrées. Dieu se révèle sans condition et Il laisse l'homme démuni face à l'inouï de sa manifestation : un Dieu tout-puissant qui se fait si petit, si pauvre sous l'apparence du pain. De ce point de vue, la singularité de l'adoration eucharistique, par rapport à toutes les autres formes d'oraison ou de piété, tient à ce que, par la présence sacramentelle de Jésus-Hostie, Dieu prend l'initiative de nous rencontrer. Le Christ me précède dans la réponse que le Père attend. « L'eucharistie signifie : Dieu a répondu. L'eucharistie est Dieu comme réponse, comme présence qui répond. » (Cardinal Ratzinger, *Dieu nous est proche*, éd. Parole et Silence, 2003, p. 95)

L'eucharistie est action de grâce (*beraka*), reconnaissance par le peuple croyant du don suprême dont il a bénéficié. La communauté fait monter la louange et la glorification vers le Père de toute miséricorde. Et cette action de grâce rend missionnaire. « *Comment rendrai-je au Seigneur tout le bien qu'il m'a fait ?* », chante le psalmiste. « *En élevant la coupe du salut* » et « *en annonçant le nom du Seigneur* ».

On comprend alors le lien intrinsèque entre la célébration de l'Eucharistie et toute démarche missionnaire. « L'Eucharistie est en elle-même un événement missionnaire », disait Benoît XVI. Car l'Eucharistie est le sacrement de Dieu allant à la recherche de l'humanité. Par elle, Jésus se donne à l'Église afin que celle-ci puisse le donner au monde. La logique du don caractérise donc ces deux mouvements intérieurs, l'un à l'autre. Par l'eucharistie, l'Église se reçoit du Christ. Par l'activité missionnaire, l'Église rend Jésus présent au monde. L'urgence de la mission, face à un monde sécularisé et indifférent, conduit ainsi à une « urgence eucharistique ».

La mission fait partie du projet de Dieu sur l'homme, sur l'Église et sur le monde. Comme l'exprime le Décret *Ad Gentes*, « la raison de l'activité missionnaire relève de la volonté de Dieu qui veut que tous les hommes soient sauvés et parviennent à la connaissance de la vérité ». L'évangélisateur collabore à l'amour infini de Dieu pour l'homme et à l'expression de cet amour dans l'œuvre du salut. Évangéliser n'est donc pas une activité chrétienne latérale, que les baptisés et les communautés ecclésiales pourraient assumer ou non en fonction de leurs capacités, de leurs désirs ou des opportunités du moment. Évangéliser tient de l'identité chrétienne elle-même. Le don de Dieu dans le Christ est d'une surabondance telle qu'il ne peut être accueilli pleinement sans rejaillir auprès des autres hommes. L'évangélisation relève d'une maturité théologale.

L'eucharistie est pour chaque fidèle laïc un lieu de sanctification personnelle qui le prépare à la mission, celle de sanctifier le monde. Si la vocation propre du laïc est de se sanctifier dans le monde et de sanctifier le monde, l'Eucharistie doit occuper une place centrale dans sa vie. Elle modèle en effet toute l'existence. Elle nous conforme au Christ, nous rend contemporains de Lui, de sa Pâque. La vie du chrétien devient ainsi totalement eucharistique[15]. Négativement, l'affaiblissement du dynamisme évangélisateur ne peut signifier qu'une crise de l'identité chrétienne, une difficulté à intérioriser le don de Dieu, à en percevoir et à en vivre l'excès. Saint Paul l'exprime lorsqu'il parle de l'évangélisation comme d'une « nécessité qui lui incombe » et lorsqu'il vient à s'exclamer : *« Malheur à moi si je n'évangélise pas ! »* Cette nécessité tient à la nature même du don reçu, de l'Esprit Saint lui-même, et à la manière dont il est appelé à se répandre et à fructifier. Comme l'écrit Jean-Paul II, « la mission découle non seulement du précepte formel du Seigneur, mais aussi de l'exigence profonde de la vie de Dieu en nous ».

---

15. « L'Eucharistie donne ainsi une impulsion à notre marche dans l'histoire, faisant naître un germe de vive espérance dans le dévouement quotidien de chacun à ses propres tâches. Elle stimule notre sens de la responsabilité envers notre terre. » (*Ecclesia de Eucharistia*, n° 20).

Contemplant Jésus-Eucharistie, l'adorateur entre dans un mouvement missionnaire, dans la charité du Christ, pour rendre amour pour amour. « Si l'Église devient authentiquement eucharistique, elle deviendra missionnaire ! » (Benoît XVI.) L'adoration eucharistique entretient, renforce et renouvelle l'élan missionnaire. Elle nous fait comprendre également que l'évangélisation est due à l'homme. L'évangélisation est « due » à Dieu, mais elle concerne l'œuvre de Dieu pour l'homme qu'il veut sauver. Aussi faut-il dire de même que l'évangélisation est due à l'homme. Les papes ne craignent pas ici d'affirmer que « les multitudes ont le droit de connaître la richesse du mystère du Christ » (*Redemptoris Missio* n° 10). Ou encore, « comme le Christ durant le temps de sa prédication, comme les Douze le matin de la Pentecôte, l'Église aussi voit devant elle une immense foule humaine qui a besoin de l'Évangile et y a droit, puisque Dieu veut que tout homme soit sauvé et parvienne à la connaissance de la vérité » (*Evangelii Nuntiandi* n° 53).

Certes, ceux qui ignorent le Christ ignorent aussi leur droit d'entendre annoncer son amour et ses projets à leur endroit. Ce droit est pourtant réel : il est pour ainsi dire coextensif à leur humanité que Dieu veut accomplir dans le Christ.

Certains sont tentés de s'abstenir d'annoncer le Christ parce qu'ils croient par là se montrer plus respectueux des valeurs humaines et spirituelles déjà présentes dans les cultures et les religions du monde. En réalité, c'est se montrer respectueux d'une valeur que de lui permettre de s'accomplir définitivement, et tel est bien ce qui advient lorsqu'elle se trouve évangélisée. C'est au contraire mépriser une valeur, et mépriser les personnes qui en sont dépositaires, que de les priver de cet accomplissement en taisant l'Évangile.

L'adoration est le moteur de la mission :

> « Jésus prêchait le jour, la nuit il priait. Il devait acquérir ses disciples de Dieu. C'est toujours valable. Nous ne pouvons pas gagner les hommes par nous-mêmes. Nous devons les obtenir de Dieu pour Dieu. Toutes les méthodes sont vides sans le fondement de la prière. La parole de l'annonce doit toujours baigner dans une intense vie de prière. » (Cardinal Ratzinger, *La nouvelle évangélisation*, 8-10 décembre 2000)

La prière d'adoration nous engage à radicaliser notre relation au Christ. Toute mission commence par une démission, une remise de vie plénière au Christ, comme notre seul Sauveur et Seigneur. La première personne rencontrée par la mission est donc le missionnaire lui-même. Il doit consentir à se laisser évangéliser par le Christ qu'il aura vocation à annoncer.

Quelle est la nature de la prière d'adoration eucharistique ? En premier lieu, c'est une contemplation de l'amour infini de Dieu par l'homme.

> « L'Eucharistie seule peut révéler à l'homme la plénitude de l'amour infini de Dieu et répondre ainsi à son désir d'amour. Seule l'Eucharistie peut guider ses aspirations à la liberté en lui montrant la nouvelle dimension de l'existence humaine. En effet, lorsque nous découvrons que nous avons été appelés à faire en toute liberté don de nous-mêmes à Dieu et au prochain, notre liberté est envahie par la splendeur de la vérité qui rend l'amour rayonnant. » (Jean-Paul II au Congrès eucharistique de Wroclaw en 1997)

Ainsi l'adoration eucharistique ranime-t-elle la ferveur spirituelle et apostolique. L'adoration eucharistique est aussi, face au défi de la mission, une prière de réparation.

> « Jésus nous attend dans ce sacrement de l'amour. Ne mesurons pas notre temps pour aller le rencontrer dans l'adoration, dans la contemplation pleine de foi pour réparer les grandes fautes et les grands défis du monde. Que notre adoration ne cesse jamais. » (Jean-Paul II, *Lettre du 24 février 1980 sur le mystère et le culte de la sainte eucharistie*, citée en *CEG* n° 1380)

C'est bien dans cette direction que Jésus s'est adressé au XVIe siècle à Marguerite-Marie à Paray-le-Monial. Le Christ invitait l'humble visitandine à se prosterner devant le Saint-Sacrement dans la nuit du jeudi au vendredi pour l'accompagner dans son agonie. Jean-Paul II, dans son encyclique sur l'eucharistie, énonce la même idée lorsqu'il invite à contempler Jésus présent dans l'eucharistie et « réparer ainsi par notre foi et notre amour les négligences et les oublis et même les outrages que notre Sauveur doit subir dans de nombreuses parties du monde ».

L'adorateur se trouve placé en intercession avec le Christ sur les fractures de l'humanité. Sa supplication embrasse toutes les situations où l'homme a perdu sa dignité, son intégrité, sa ressemblance avec Dieu. L'adoration évangélise en appliquant le salut à partir du Christ-Eucharistie et, à travers l'Église et par l'Église, sur toutes les situations où l'homme ne répond plus à sa vocation filiale.

Chapitre VII

L'ADORATION EUCHARISTIQUE, LIEU DE CONVERSION SPIRITUELLE ET PASTORALE

1. La transformation eucharistique

L'eucharistie, c'est « Dieu en nous ». La vie eucharistique requiert une intériorisation et conduit à la ferveur chrétienne. Dieu n'est pas seulement face à nous, mais à l'intérieur de nous, nous en Lui et Lui en nous. Saint Augustin exprime le sens de cette intériorisation : dans l'eucharistie, ce n'est pas nous qui assimilons en nous cette nourriture corporelle, mais c'est elle qui nous assimile en elle, en sorte que nous prenions la forme du Christ, que nous devenions membre de son Corps, que nous devenions « un » en lui, comme le rappelle saint Paul.

> « La participation au corps et au sang du Christ n'a pas d'autre effet que de nous transformer en ce que nous recevons. » (St Léon le Grand, *Sermon 63*, 7)

Le miracle de la conversion eucharistique se réalise au moyen des paroles du Christ, dans la puissance de l'Esprit Saint. Les Pères de l'Église ont mis en évidence le lien entre la puissance par laquelle Dieu a créé l'univers à partir de rien et celle par laquelle Il réalise le miracle de l'eucharistie :

> « La parole du Christ, qui a pu faire de rien ce qui n'existait pas, ne pourrait donc changer les choses existantes en ce qu'elles n'étaient pas encore ? » (St Ambroise, *De mysteriis* 9, 50.)

La théologie de l'eucharistie a souligné l'*epiclesis*, c'est-à-dire l'action propre de l'Esprit Saint, qui opère et accomplit l'action eucharistique :

> « Le prêtre, figure du Christ, prononce ces paroles, mais leur efficacité et la grâce sont de Dieu. » (St Jean Chrysostome, *Prod. Jud.* 1, 6)[16]

---

16. Cette présence et cette action de l'Esprit dans l'Eucharistie sont résumées dans l'anaphore d'Hippolyte de Rome, qui adresse à Dieu le Père ces paroles : « Fais descendre ton Esprit sur l'offrande de ta Sainte Église, et les ayant réunis, accorde à tous les saints qui la reçoivent d'être remplis de ton Saint-Esprit pour les fortifier dans la foi et la vérité afin que nous te louions et te glorifions par ton Fils Jésus-Christ, par qui te viennent l'honneur et la gloire, Père et Fils avec le Saint-Esprit dans la Sainte Église, maintenant et dans les siècles des siècles. » (*Tradition apostolique*, 4) C'est la prière destinée

Une des données originelles de la foi eucharistique est de manifester une transformation, la transformation du pain et du vin qui change leur réalité dans leur être propre et les élève à une réalité supérieure, pour en faire le corps et le sang du Seigneur :

> « Sous les espèces, il n'y a plus ce qui s'y trouvait auparavant, mais quelque chose de tout différent ; et cela non seulement en dépendance du jugement que porte la foi de l'Église, mais par le fait de la réalité objective elle-même. » (Paul VI, *Mysterium Fidei*)

Comme l'écrit saint Thomas, « la substance du pain ne peut subsister après la consécration » (IIIa qu.75 a.2 Corp.).

C'est le principe de la transsubstantiation. Le Seigneur s'empare du pain et du vin pour les faire sortir, pour ainsi dire, du cadre de leur être propre et les placer dans un nouvel ordre. Même s'ils restent inchangés sur le plan physique, ils sont devenus profondément autres. Là où le Christ est rendu présent, il n'est pas possible que rien n'ait changé. Là où Il a posé la main, quelque chose de nouveau est advenu. Adorer, c'est consentir à se laisser, nous aussi, transformer, convertir, afin d'accéder à notre vraie humanité. L'adoration n'est donc pas un « gadget

---

à obtenir la bénédiction du Seigneur, et que l'Église célèbre comme bénissant le Seigneur lui-même, selon l'expression de Paul : « *La coupe de bénédiction que nous bénissons.* » (1 Co 10,16).

spirituel », mais un chemin de renouvellement intérieur et personnel. Elle est une « force transformante » (Jean-Paul II, *L'Église vit de l'eucharistie* n° 62).

Parce que le Christ a changé le pain en son corps, le vin en son sang, l'eucharistie est le signe et le gage de notre espérance : un monde nouveau peut advenir à partir du Christ. Il vient faire « toutes choses nouvelles ». L'eucharistie est un anti-fatalisme. Elle nous interdit d'entretenir des « *murs sans issue* » dont parle le livre des Lamentations au chapitre 3 et que les hommes, ou nous-mêmes, dressons les uns à l'égard des autres par incompréhension, aveuglement, déception. L'adorateur remet le monde à l'endroit, en le tournant vers Dieu et en le détournant du péché.

Puisque le pain devient le Corps du Christ, puisque le vin devient le Sang du Christ, notre monde défiguré est appelé à changer de substance et de visage. « *Je vis un ciel nouveau et une terre nouvelle, car le premier ciel et la première terre ont disparu.* » (Ap 21, 1) Chaque messe porte le gage et l'espérance de cette transfiguration.

Qu'est-ce qui se passe le soir de la Cène ? Qu'accomplissent, à leur tour, les paroles du prêtre, par la puissance de l'Esprit dont elles sont investies ? Une transformation d'un acte de violence et d'injustice vis-à-vis de Jésus en un geste de don de soi qu'il célèbre à la Cène ; une transformation de la haine en pardon, dans un acte de totale liberté : « *Ma vie, nul ne la prend, mais c'est moi qui la donne* » (Jn 1, 18) ; une transformation d'un corps mortel en un corps glorieux, dilaté par l'amour au matin de la résurrection ; une transformation de la création tout entière (symbolisée par le pain et le vin), création encore en travail d'enfantement, en un monde nouveau rassemblé dans le Christ.

L'eucharistie atteste de cette transformation. L'Eucharistie assume et intègre toutes ces transformations et les rapporte à ce changement de nature qui fait que le pain devient le corps du Christ, que le vin devient le sang du Christ.

L'eucharistie est le gage de ce que nous pouvons changer, de ce que le monde n'est pas soumis à l'irrémédiable. Car toutes les formes de violence commises sur soi, sur les autres ou sur la société (vandalisme, délinquance, incivilités) traduisent une perte ou un déni d'espérance. On utilise la force pour détruire en pensant que soi-même ou que le monde ne peut pas changer.

Parfois, nous sommes tentés de baisser les bras, de composer avec nos doutes ; parfois, la lassitude nous gagne, l'individualisme nous reprend... Les résistances rencontrées sur notre route nous ramènent à nos propres vulnérabilités. Le choix de Dieu nous pèse. Alors, il nous est bon, devant ce pain devenu

Corps du Christ ressuscité, de nous laisser ressaisir par la grâce de notre premier appel, d'adhérer par le cœur à ce que nous disons par nos lèvres, de nous laisser prendre par le Christ dans son mouvement pascal en direction du service de nos frères.

L'eucharistie est un processus vivant de transformation en lequel chacun de nous est mobilisé en vue de la transformation du monde. Face à tous les fatalismes, les scepticismes et les résignations qui doutent que le monde puisse changer ; face à tous ceux qui réduisent la foi à une morale d'amélioration, d'effort volontariste et de bonne volonté, le prêtre proclame, au nom de l'eucharistie, que notre vie, que notre monde sont appelés à une transformation.

L'adoration est donc aussi un lieu d'espérance : le monde est transformable. Il sera, dans sa totalité, la Jérusalem céleste, le nouveau Temple de Dieu.

> « Combien est bienfaisante la redécouverte de l'adoration eucharistique par de nombreux chrétiens… L'humanité a grand besoin de redécouvrir ce sacrement, source de toute espérance ! » (Benoît XVI)

2. La conversion pastorale

Les *lineamenta* du texte préparatoire au synode sur la nouvelle évangélisation évoquaient au paragraphe 10 une véritable conversion pastorale à opérer :

> « Il est temps que l'Église appelle les communautés chrétiennes à une conversion pastorale au sens missionnaire de leur action et de leurs structures. »

Cet appel s'inscrit dans la ligne du discours de Benoît XVI à Aparecida en 2007 à l'occasion de la Conférence générale de l'épiscopat latino américain et des Caraïbes.

> « Cette conversion pastorale consiste à laisser des schémas atrophiés pour aller là où commence la vie, là où nous voyons que se produisent des fruits de vie *"selon l'Esprit"* (Rm 8). » (Jean-Paul II)[17]

Au cours des années qui ont accompagné et suivi le Concile, s'est beaucoup développée une pastorale de « l'enfouissement ». Une valorisation du « monde », comme lieu théologique. Nos sociétés ne sont-elles pas traversées et travaillées du dedans par l'Esprit Saint ? Il s'agissait de partir des semences de vérité, dont parle *Gaudium et Spes*, pour déployer une pastorale de l'écoute de la rencontre. L'Église était perçue comme le pont jeté par le Christ vers le monde[18].

Cette approche du monde très positive n'est pas sans vérité doctrinale et spirituelle. Mais elle a montré assez vite ses limites. À vouloir trop rejoindre le

---

17. *Allocution prononcée à l'occasion du VIe symposium du Conseil des Conférences épiscopales de l'Europe – La documentation catholique*, 17 novembre 1985, n° 1906, p. 1086.

18. Paul VI, *Discours à l'occasion de l'ouverture de la 3e session du concile Vatican II*, 14 septembre 1964.

monde, certains programmes pastoraux se sont dilués dans un humanisme horizontal. L'enfouissement est quelquefois devenu un effacement. On a assisté à une « auto-sécularisation » (Cardinal Ratzinger) de l'Église, au nom d'une théologie de « l'implicite », ce qui a conduit à une réduction séculière du message de la foi. L'Évangile s'est alors vidé de sa force provocatrice. À l'annonce de l'Évangile s'est substituée ainsi la promotion des valeurs évangéliques. Certaines catéchèses ont parfois voulu rendre la foi consensuelle et acceptable par tous. On a oublié que la foi chrétienne déborde toute inclusion et qu'elle est un refus de s'enfermer dans l'immanence du monde. Le chrétien n'est pas « du monde » (au sens grec du terme), c'est-à-dire du côté de ceux qui ont refusé d'entendre la voix du Christ (cf. 1 Jn 4, 4-6). L'Évangile, en raison de sa nouveauté, se trouvera toujours en décalage par rapport à un « monde » qui est vieilli par le péché. L'Église n'est pas là pour épouser l'évolution des mœurs. Elle n'est pas l'otage des modes. Le chrétien dans le monde est souvent comme la truite dans un cours d'eau rapide : il doit nager à contre-courant.

L'adoration eucharistique souligne liturgiquement le passage d'une pastorale de l'enfouissement à une pastorale de la visibilité. La présence cachée du Christ dans les espèces consacrées est donnée à voir et à vénérer. L'adoration est une attestation du kérygme de l'Église : le Christ, mort et ressuscité, est rendu présent à la vie de son Église pour le salut de tous.

Cette conversion pastorale concerne tous les acteurs de la vie ecclésiale. Les prêtres eux-mêmes doivent adopter un « nouveau style de vie pastorale », abandonner une pastorale de la maintenance et de l'entretien, au profit d'une pastorale de l'annonce et de l'engendrement. Les fidèles laïcs doivent prendre conscience que leur identité baptismale est d'abord missionnaire et déployer leurs propres charismes pour la sanctification du monde. Les familles sont appelées à redécouvrir qu'elles sont les premiers agents de la transmission de la foi. Aux jeunes, il revient de communiquer aux nouvelles générations la joie de croire. Les consacrés doivent attester que l'annonce du Royaume est au cœur de la vie de l'Église car la figure de ce monde passe... Toutes ces conversions pastorales trouvent leur source dans l'eucharistie. L'adoration mobilise ainsi tous les acteurs de la vie ecclésiale en direction d'un engagement missionnaire plus radical et plus explicite.

Chapitre VIII

LA DIMENSION SOCIALE DE L'ADORATION EUCHARISTIQUE

Les chrétiens ne visent pas à « fabriquer » une culture. Le Seigneur n'a pas mandaté son Église pour constituer une sorte de société parallèle, hermétique aux influences et aux questions qui traversent la société humaine. Il ne l'a pas davantage missionnée pour se constituer en système politique et, ainsi, usurper la juste autonomie qui revient aux hommes dans l'organisation de leur vie sociale. L'Évangile n'est pas plus d'ici que d'ailleurs, voilà pourquoi il est apparu au cœur de l'aventure missionnaire de l'Église, qu'il était une erreur de prétendre imposer une culture donnée (généralement la culture occidentale) à un peuple païen au nom de l'annonce de l'Évangile. Voilà pourquoi il est si important de travailler à l'inculturation de l'Évangile. Néanmoins, même si leur diversité n'en est pas pour autant abolie, l'Évangile apporte bien quelque chose de radicalement nouveau aux sociétés et aux cultures qu'il féconde. Comme l'indiquent les paraboles de Jésus (Mt 13, 33), c'est à la manière d'un ferment, et de l'intérieur, que l'Église travaille les cœurs et les sociétés. Ce qui est caractéristique des sociétés humaines que l'Évangile a fécondées est la foi en un Dieu personnel, en un Dieu Amour, en un Dieu incarné.

L'adoration eucharistique exprime de façon significative cette mission baptismale que doit assumer chaque chrétien : être levain dans la pâte humaine (« *un peu de levain et toute la pâte fermente* », Ga 5, 9). En contemplant le pain consacré par lequel le Christ actualise le don de soi au monde, l'adorateur se voit désigner la mission qui lui revient : devenir pain livré et sang versé au cœur du monde, en donnant sa vie en partage.

« L'eucharistie est ma vie », disait Jean-Paul II. Elle est mode d'être. Elle signifie une façon de vivre qui structure toute l'existence pour la rendre doxologique, oblative, missionnaire, eschatologique... Elle façonne également la vie sociale. L'Eucharistie est « l'anticipation du repas des noces de l'Agneau (cf. Ap 19, 9) dans la Jérusalem céleste » (CEC n° 1329).

Ce thème eschatologique est essentiel car il situe l'avenir de l'humanité dans le cadre d'une cité où l'on adore le Seigneur (cf. Ap 4, 10)[19]. Si la destinée ultime de l'homme s'inscrit dans une cité, c'est donc que la dimension sociale de l'existence humaine ici-bas ne peut pas être négligée. L'élaboration de sa doctrine sociale manifeste la sollicitude de l'Église pour la condition sociale terrestre de l'homme. La vie eucharistique des chrétiens, pour peu qu'elle soit authentique, a donc nécessairement une influence sur la vie de la cité. Participant à l'Eucharistie, nous sommes appelés à découvrir, par ce sacrement, le sens profond de notre action dans le monde en faveur du développement et de la paix ; et à recevoir de lui la force de nous consacrer avec toujours plus de générosité, à l'exemple du Christ qui, dans ce Sacrement, « *donne sa vie pour ses amis* » (Jn 15, 13)[20]. À l'intérieur de la célébration liturgique sont mis en œuvre les principes de la doctrine sociale de l'Église : subsidiarité, solidarité, destination universelle des biens, participation au bien commun dans la recherche du progrès des personnes (CEC n° 1912), principes qui sont antérieurs à la communauté politique sur le plan de l'être et des finalités[21].

---

19. « *Il me montra la Cité sainte, Jérusalem, qui descendait du ciel, de chez Dieu, avec en elle, la gloire de Dieu.* » (Ap 21, 10-11).
20. *Sollicitudo rei socialis*, n° 48.
21. *Compendium de la Doctrine sociale de l'Église*, 388.

Parmi ces principes qui structurent le vivre ensemble, l'adoration eucharistique met en valeur le principe de justice.

L'eucharistie, sacrement de l'amour, souligne le primat de la charité sur la justice. *Ubi societas, ibi ius* : « Toute société élabore un système propre de justice. » La charité dépasse la justice, parce qu'aimer, c'est donner, offrir du mien à l'autre ; mais elle n'existe jamais sans la justice qui amène à donner à l'autre ce qui est sien, c'est-à-dire ce qui lui revient en raison de son être et de son agir. Je ne peux pas « donner » à l'autre du mien, sans lui avoir donné tout d'abord ce qui lui revient selon la justice. « Qui aime les autres avec charité est d'abord juste envers eux. » (*Caritas in Veritate* n° 6)[22] La réalisation du vrai bien

22. « Non seulement la justice n'est pas étrangère à la charité, non seulement elle n'est pas une voie alternative ou parallèle à la charité : la justice est "inséparable de la charité", elle lui est intrinsèque. La justice est la première voie de la charité ou, comme le disait Paul VI, son "minimum". D'une part, la charité exige la justice : la reconnaissance et le respect des droits légitimes des individus et des peuples. Elle s'efforce de construire la cité de l'homme, selon le droit et la justice. D'autre part, la charité dépasse la justice et la complète dans la logique du don et du pardon. La cité de l'homme n'est pas uniquement constituée par des rapports de droits et de devoirs, mais plus encore et d'abord par des relations de gratuité, de miséricorde et de communion. La charité manifeste toujours l'amour de Dieu, y compris dans les relations humaines. Elle donne une valeur théologale et salvifique à tout engagement pour la justice dans le monde. » (*Caritas in Veritate*, n° 6).

commun de l'humanité est éclairée par la Pâque de Jésus. Par l'eucharistie, le Christ, Tête de l'Église, vivifie, nourrit et sanctifie chacun des membres de son corps. L'unité eucharistique, que Dieu réalise entre les chrétiens, inaugure et préfigure l'unité de tout le genre humain. L'eucharistie est donc la source de la charité et de l'unité divine qui s'écoulent sur le monde par la médiation de l'Église. Aucune entreprise politique ne pourra jamais apporter à la société humaine ce dont Dieu lui fait don dans l'eucharistie : une participation à sa propre unité et, avec elle, un gage de fraternité et de paix authentiques (*Caritas in Veritate* n° 34).

Les violences faites à la personne humaine sont aujourd'hui foultitudes : réduire celle-ci à un produit de consommation ou de plaisir, à une force de travail, à une boîte à outils ou à un matériau de laboratoire, ou encore la mépriser en raison de l'âge, du handicap ou de la maladie, quand on ne peut plus s'en servir. Toute violence est le fruit d'un désordre. « *D'où viennent les guerres, d'où viennent les batailles si ce n'est de vos plaisirs qui guerroient dans vos membres ?* », dit l'épître de Jacques (Jc 4). La mission de l'Église est de réordonner la création à l'homme et de réordonner l'homme à Dieu. L'Église présente au Seigneur à chaque messe, dans le pain rompu pour la vie du monde, les blessures d'une humanité, les déchirures des corps individuels et du corps social, les fractures du cosmos tout entier qui gémit dans les douleurs de l'enfantement.

Chaque chrétien, par l'adoration eucharistique, se trouve associé en première ligne au combat du Christ. L'eucharistie nous place au contact de la perversion de l'âme, du mépris vis-à-vis du pauvre, de la déshumanisation de la société et, en fin de compte, de la désespérance et du rejet de Dieu. Ce combat traverse aussi notre propre vie, marquée par nos propres fragilités et notre péché. Mais notre foi eucharistique, c'est de croire toujours, de croire quand même, jour après jour, que le Seigneur transforme les blessures en stigmates d'où jaillissent la paix et la lumière de la résurrection. L'adoration eucharistique nous fixe dans la victoire de la miséricorde divine sur toute violence. « Le monde ne trouvera pas la paix, s'il ne revient pas à la miséricorde divine, dont le trône est l'eucharistie. » (Sr Faustine)

L'adoration eucharistique est un antidote à la violence qui, en frappant l'homme, s'attaque à Dieu dont il est l'image.

L'ADORATION EUCHARISTIQUE DYNAMISE L'ESPÉRANCE CHRÉTIENNE

L'adoration, non seulement rend possible l'incarnation de l'Emmanuel (« *Dieu au milieu de nous* »), mais aussi garantit l'espérance. L'Eucharistie est la présence réelle et continuée du Christ au milieu de son peuple. « Il est là », s'écriait le Curé d'Ars en contemplant l'hostie.

Apparemment, présence par défaut. Certains diraient : par substitution. Nous voyons du pain et nous proclamons que c'est le Corps du Seigneur ! En réalité, présence par excès. La même mission divine, qui conduit le Verbe éternel à se faire chair humaine, l'amène jusqu'à se faire pain eucharistique, à devenir nourriture pour mieux nous rejoindre en notre humanité. L'eucharistie est une preuve de sa miséricorde.

L'eucharistie situe le chrétien en décalage par rapport au style de vie de nos contemporains, ce n'est pas pour s'écarter du monde (par peur, par fuite ou par refus) ou pour se réfugier dans une vie recluse, mais au contraire pour rejoindre ce monde dans ce qu'il porte de meilleur, dans cette quête de salut et de liberté qui le travaille, dans son impatience à trouver des raisons de vivre et d'espérer, mais des raisons qu'il ne peut se donner à lui-même s'il ne les reçoit de Dieu.

Il y a plusieurs manières « d'être au monde ». Une première manière consiste à s'y confondre. Tellement immergé dans le monde qu'on s'y dissout jusqu'à perdre son âme. Nous savons le drame de tant d'hommes et de femmes, de jeunes en particulier, dans un contexte de massification et de manipulation, otages de tant de conformismes et de modes de vie et de pensée, à la remorque des médias.

Et puis, il y a une autre façon d'être au monde, à la suite de Jésus et à la manière des apôtres. Non pas en se « rendant » au monde, mais en le rendant à Dieu. En rappelant à notre humanité, en lui signifiant, en lui attestant un amour qui l'habite, qui la précède, un amour dont nous sommes infiniment redevables et humblement les témoins. « Jésus concentre son amour dans l'eucharistie pour le rendre plus puissant », disait saint Pierre-Julien Eymard. Notre mode de vie eucharistique est au service de ce témoignage de l'actualité de Dieu, de cette mission de mémoire, mémoire de la présence de Dieu que notre monde a oubliée ou perdue.

Alors que tant, autour de nous, croient en un Dieu lointain, toujours ailleurs, insaisissable, que l'on désigne en pointant le doigt vers le ciel, un Dieu qui n'a rien à faire avec l'histoire des hommes, un Dieu en surplomb… alors que beaucoup d'assoiffés de spiritualité se fabriquent des idoles, un Dieu à la disposition de nos besoins de sens et de transcendance, un Dieu fournisseur de paradis artificiels, façonné par notre subjectivité mouvante… l'Église signifie le sacrement de la présence permanente du Christ au milieu des hommes (pour leur bénédiction et leur sanctification), appelant à temps et à contretemps cette présence effective.

Comme pour l'eucharistie, la présence de Dieu se cache dans la vie du chrétien, habite son humanité, son affectivité, son intelligence, mais aussi ses limites. Être chrétien signifie que Dieu se sert de nous pour incarner sa présence au monde. Accueillie en nous lors de la communion, au plus intime de notre être, l'eucharistie nous permet d'aller avec le Christ vers le plus lointain. Porté en notre chair, le Christ nous porte vers nos frères, comme le rapporte le récit de la Visitation (cf. Lc 1, 29 et s.).

L'eucharistie est un acte institué par Jésus lui-même, s'inscrivant dans l'histoire du salut, dans cet intervalle de temps qui s'écoule entre sa mort et son retour dans la parousie. La conscience eschatologique qui accompagnait cette prière est un des traits distinctifs qui lui donnent son sens et permettent de le conserver intact jusqu'au jour où le Seigneur Jésus accomplira la « restauration universelle » (cf. Ac 3, 20). Le cri de *Marana-tha* (« *Viens, Seigneur Jésus!* »), prononcé pendant la Cène du Seigneur, atteste à l'évidence combien la première communauté sentait la présence toute proche du Seigneur et exultait en lui rendant grâce (cf. Ep 5, 20), sans oublier toutefois que la pleine communion ne lui avait pas encore été entièrement donnée, raison pour laquelle elle invoquait son retour.

L'adoration eucharistique nous place donc dans une tension : le Seigneur est là, et il vient (« *L'Esprit et l'Épouse disent : Viens! Que celui qui entend, dise : Viens!* » ; « *Amen, viens, Seigneur Jésus!* » Ap, 22, 17.20). Le « Nous attendons ta venue » répété après la consécration atteste clairement l'intention eschatologique du repas eucharistique, comme confirmation et anticipation des nouveaux cieux et de la terre nouvelle du Royaume de Dieu. L'Eucharistie, « anticipation du *repas des noces de l'Agneau* (Ap 19, 9) dans la Jérusalem céleste » (CEC n° 1329), possède par là même un fort dynamisme prophétique : la présence réelle du Christ dans l'eucharistie renvoie les chrétiens à la venue du Seigneur dans la gloire. L'adoration eucharistique doit faire grandir en eux le désir de ce second avènement.

L'eucharistie, dans sa dimension eschatologique, nous offre le gage et le principe d'une transfiguration. L'eucharistie est une source d'espérance pour notre monde dans l'attente du retour du Christ en gloire, du festin nuptial. L'espérance n'est pas seulement de l'ordre de l'attente, c'est découvrir dans l'eucharistie déjà la présence réelle et actuelle de Dieu, contemporaine de ce que nous attendons et qui, à la fois, accompagne et précède notre marche[23].

Le chrétien est député à l'espérance. Parce que « *le Christ est grand prêtre du bonheur qui vient* » (He 9, 11), l'Église a pour mission, dans un monde en crise et pour beaucoup privé d'avenir, de semer l'espérance

23. Vaclav Havel, écrivain, ancien Président de la République tchèque, donnait cette définition de l'espérance : « Espérer, ce n'est pas se convaincre que quelque chose finira bien. Espérer, c'est d'abord la certitude que quelque chose a un sens. C'est la conviction qu'un jour adviendra où tout ce que nous vivons, bonheur ou malheur, trouvera sa signification. Que toute notre existence n'est ainsi pas vouée à l'absurde. Car notre vie trouve un sens en s'inscrivant dans une histoire que nous pouvons raconter et à laquelle la nôtre peut se rapporter, se raccrocher. » (*Le prêtre*, p. 109-110) Cette histoire, c'est celle du Christ. Notre vie va quelque part, au lieu d'être une simple succession d'événements aléatoires.

et de la signifier. Les communautés chrétiennes, si elles vivent la charité évangélique, témoignent qu'on ne peut être heureux au détriment ou en dépit des autres ; que le plaisir et l'argent, fût-il légitime, ne font pas le bonheur et, même, peuvent le corrompre ; que celui que je côtoie, avec qui je vis ou je travaille, m'est confié à accepter, à aimer et à servir, pour qu'il puisse vivre à la hauteur de son humanité ; que la liberté ne consiste pas à faire tout ce qui me passe par la tête, en étant à la solde de mes pulsions ou de mes intérêts, car la liberté n'est pas comme une fin en soi, mais une disposition, une disponibilité donnée par Dieu et qui grandit à son contact, pour aimer comme le Christ nous l'a enseigné.

Comme autrefois sous le portique du Temple de Jérusalem, Jésus semble se tenir au tabernacle pour nous dire encore : « *Si quelqu'un a soif, qu'il vienne à moi et qu'il boive !* » Ne pas s'avancer vers l'eucharistie, se soustraire à cette invitation, c'est refuser d'entrer plus avant dans la Nouvelle Alliance inaugurée par le Christ et proposée à la contemplation du croyant. « Je n'ai d'autre moyen de prouver à Dieu mon amour que de ne laisser échapper aucun petit sacrifice, aucun regard, aucune parole… de profiter de toutes les plus petites choses et de les faire par amour », disait Thérèse de Lisieux. Consentir à adorer Jésus présent dans l'hostie consacrée, l'espace d'une heure ou de quelques minutes, c'est non seulement prouver mon amour pour Lui, lui rendre amour pour amour, mais vouloir le connaître et le chercher toujours davantage, comme nous y invite l'apôtre Pierre : « *Croissez dans la grâce et la connaissance de notre Seigneur.* » (2 P 3, 18)

Plus on possède Dieu, plus on veut le chercher. Il est toujours au-delà de ce que nous atteignons. Il requiert sans cesse de notre part de nouveaux progrès. L'erreur serait de nous arrêter.

> « Je n'aime pas Dieu de toutes mes forces, si je n'aime pas mieux demain qu'aujourd'hui et si, le jour d'après, je n'augmente pas mon amour. » (Bossuet)

L'amour de Dieu se nourrit de la difficulté même de ce que l'on entreprend pour Lui, de la fidélité à guetter son passage.

> « L'âme fervente désire toujours présenter de nouvelles preuves de son amour. » (Maximilien Kolbe)

L'adoration eucharistique est un chemin de croissance, d'amour à Dieu, d'amour de l'Église et d'engagement missionnaire que le Christ nous propose d'emprunter pour aller avec Lui, plus vite, plus loin et plus profond.

> « Il est plus facile au monde de survivre sans le soleil que de vivre sans l'eucharistie. » (Padre Pio)

C'est à l'école de la Vierge Marie, « la femme eucharistique » et « le premier tabernacle de l'histoire » (Jean-Paul II), que l'adoration du Saint-Sacrement peut engager l'Église du troisième millénaire sur les chemins de la Nouvelle Évangélisation et nous initier à l'intériorité et au langage du cœur.

TABLE DES MATIÈRES

DANS LA MÊME COLLECTION

Série I « Spiritualité »

1. Sr Marie-Laetitia, *Découvrir l'oraison.*
2. Mgr Gilles Barthe, *L'enfance spirituelle (épuisé).*
3. P. Joseph Boishu, *Notre Père.*
4. Jean-Claude Michel, *L'Assomption de Marie (épuisé).*
5. Jean-Claude Michel, *L'Immaculée Conception (épuisé).*
6. P. Jean-Marie Burucoa, *Regarder Marie (épuisé).*
7. Fr. Marie Leblanc, *La vie de Marie (épuisé).*
8. P. Étienne Michelin, *La foi en action I (épuisé).*
9. P. Étienne Michelin, *La foi en action II (épuisé).*
10. P. Étienne Richer, *La force de l'espérance (épuisé*).*
11. P. Étienne Michelin, *Attirer Dieu.*
12. P. Olivier Manaud, *Musique et prière.*
13. Mgr Jean Cadilhac, *Aimer l'Église, pourquoi ? (épuisé).*
14. P. Étienne Richer, *Aimer Israël, pourquoi ?*
15. D'après le P. Molinié, *Naître de nouveau (épuisé).*
16. P. Bernard Ducruet, *La vie en communauté (épuisé*).*
17. P. Pierre Dumoulin, *L'Apocalypse - l'unique combat.*
18. P. Pierre Dumoulin, *Esther, Judith, Ruth (épuisé).*
19. Fr. Silouane, *L'Évangile selon saint Matthieu.*
20. Fr. Silouane, *Mémoriser la Parole (épuisé).*
21. Fr. Silouane, *Jonas ou l'existence prophétique.*
22. P. Pierre Dumoulin, *L'Évangile des signes - St Jean (1-12).*
23. P. Pierre Dumoulin, *L'Heure de Jésus - St Jean (13-21).*
24. P. Joseph Boishu, *Baptisé dans le Christ.*
25. D. et É. Lemaître, *Le sens du jeûne.*
26. Claire Patier, *Le Cantique des cantiques, la voix de l'Amour.*
27. Fr. Marie Leblanc, *L'urgence de l'unité.*
28. P. Jean Abiven, *Jalons pour un itinéraire spirituel.*
29. Georgette Blaquière, *Jésus-Christ, un Dieu scandaleux.*
30. P. Pierre Dumoulin, *Un art de vivre, la Sagesse de Salomon.*
31. P. Paul-Marie M'ba, *Goûter la Parole.*
32. P. Mayeul de Dreuille, *Préférer l'amour de Dieu, avec saint Benoît.*
33. P. Tanguy Marie Pouliquen, *L'épreuve spirituelle, un chemin de croissance.*
34. P. Jean-Claude Sagne, *Dieu tu es mon Dieu, chemins de prière.*
35. Caroline Schaefer, *Entrer dans l'adoration (épuisé*).*

36. P. Pierre Dumoulin,
Qu'est ce que l'âme ?
37. P. Tanguy Marie Pouliquen,
Convertis-toi ! Un chemin de liberté.
38. P. Bernard Bastian,
Vivre en Homme sauvé.
39. P. Pierre Dumoulin,
La Messe expliquée pour tous.
40. P. Raniero Cantalamessa,
L'Amour fou de Dieu pour moi.
41. P. Jean-Claude Sagne,
Mon âme a soif du Dieu vivant, chemins de prière.
42. P. *Tanguy Marie Pouliquen, La confiance fait des miracles selon sainte Thérèse de Lisieux.*
43. P. Rémi Schappacher, *Dieu ne me demande pas mon CV.*
44. Sr Briege McKenna, *La puissance des sacrements.*
45. C^al^ Philippe Barbarin,
Adoration et eucharistie.
46. Jean Philibert, *La nouvelle évangélisation, de Jean-Paul II à Benoît XVI.*
47. Nicole Échivard,
Conversation sur la foi.
48. Pierre-Marie Montherrat,
L'Espérance au quotidien

Série II « Renouveau et charismes »

1. Philippe Madre,
Aspirez aux charismes.
2. Philippe Madre,
Discernement des esprits.
3. Doudou, *Évangéliser - canon 211, 1re partie (épuisé).*
4. Évelyne Madre,
L'abandon à la Providence.
5. Georgette Blaquière,
À la louange de sa gloire (épuisé).
6. P. Emiliano Tardif,
Le charisme de guérison.
7. Philippe Madre,
Le charisme de connaissance (épuisé).
8. P. Claude-Jean-Marie Fould,
Prier en langues (épuisé).
9. Philippe Madre,
Prières pour assemblée (épuisé).
10. Philippe Madre, *Abba, Père ! Prières pour la Vie (épuisé).*
11. P. Pierre-Marie Soubeyrand,
L'accueil de l'Esprit.
12. Jacques Myon,
La Dîme et l'Église (épuisé).
13. P. José Rodier,
Le charisme du pasteur.
14. P. François-Régis Wilhélem,
Dociles à l'Esprit.
15. Philippe Madre, *Adoration et Consolation, simples prières.*
16. P. François-Régis Wilhélem,
Renouveau dans l'Esprit, le temps des discernements.
17. P. Jean Pliya,
Après la guérison et la délivrance : la marche vers la conversion.
18. C^al^ Vanhoye, *L'amour en actes.*
19. Guiseppe Bentivegna,
Jésus-Christ médecin des âmes et des corps.

* Disponible en livre numérique à télécharger sur notre site internet : www.editions-beatitudes.fr

20. Márcio Mendes, *La prière en langues.*
21. Cyril John, *La force de la prière d'intercession.*
22. Gilles Férant, *L'intimité avec Dieu.*

Série III « Bonheur chrétien »

1. Sr Marie-Laetitia, *Le secret de la joie.*
2. Sr Thérèse, *Amour et sacrifice (épuisé).*
3. Sr Marie-Laetitia, *Le pari de la douceur.*
4. P. Pierre Dumoulin, *Sois mon témoin (épuisé).*
5. Philippe Madre, *La simplicité de cœur (épuisé).*
6. P. Pierre Dumoulin, *Job - une souffrance féconde (épuisé).*
7. P. Étienne Richer, *L'audace de la charité (épuisé).*
8. Philippe Madre, *Prières pour la guérison.*
9. Jackie Desbois, *Lettre à un dépressif.*
10. Louis Sahuc, *La grâce d'écouter (épuisé).*
11. Sr Anne de Jésus, *L'accompagnement spirituel (épuisé*).*
12. P. Didier-Marie, *La relation d'accompagnement.*
13. P. Jean Philibert, *Bienheureuse conversion (épuisé).*
14. Philippe Madre, *Être guide spirituel (épuisé).*
15. Philippe Madre, *Culture de Vie, blessure de vie.*
16. P. Bernard Ducruet, *Le combat spirituel.*
17. P. Bernard Ducruet, *La paix du cœur.*
18. P. Bernard Ducruet, *L'autorité en communauté.*
19. P. Olivier Ruffray, *Célébrer la réconciliation.*
20. Charles Prince, *36 manières d'aimer.*
22. P. Bernard Ducruet, *L'humilité - selon St Benoît.*
23. P. Bernard Ducruet, *L'obéissance retrouvée (épuisé*).*
24. Sr Anne de Jésus, *L'enfant du Père.*
25. J. Laflûte-Marietti, *Se réconcilier avec soi-même.*
26. Lucienne Sallé, *Femmes de Foi, Femmes d'Église.*
27. Christian Reynaud Monteil, *Quand une souffrance en cache une autre, propos sur « une dépression ».*
28. Michel Martin-Prével, *Lettre aux divorcés (épuisé*).*
29. P. Dominique Bertrand, *Mystère et sagesse du corps.*
30. Bénédicte Rivoire, *Celui que tu aimes va mourir, fais-le vivre !*
31. P. Jean-Marie Petitclerc, *Accompagner un jeune blessé, sur les chemins d'Emmaüs (épuisé*).*
32. M. Martin-Prével, *La communion de désir, pour ceux qui ne peuvent pas communier à une messe.*
33. Sr Élisabeth de Jésus, *Le secret de la pureté du cœur.*

34. Dr Monique Killmayer, *L'accueil de la vie, un défi pour aujourd'hui.*
35. P. Raniero Cantalamessa, *Mariage et famille selon la Bible.*
36. Bernadette Lemoine, *Le secret de la vraie réussite.*
37. Stephen Wang, *Comment découvrir sa vocation.*
38. Élisabeth et Dominique Lemaître, *Le mariage, chemin eucharistique.*

Composition et mise en pages réalisées par
Compo 66 - 66100 - Perpignan
067/2013

Achevé d'imprimer en mai 2013
sur les presses de la Nouvelle Imprimerie Laballery
58500 Clamecy
Dépôt légal : mai 2013
Numéro d'impression : 305299

Imprimé en France

La Nouvelle Imprimerie Laballery est titulaire de la marque Imprim'Vert®